년 1억 원의 주인공이
되신 것을 축하드립니다.

몫

자기앞수표

일어777777777

₩ 100,000,000 (금일억원정)

이 수표 금액을 소지인에게 지급하여 주십시오.
거절증서 작성을 면제함.

발행지 대한민국
주식회사 허기은행

아래의 알림란은 전산처리 부분이오니 글씨를 쓰거나 더럽히지 마십시오.

000000 00 20 001 : 00 | 8 00000 | 00 | 3 0000 | 0000 : 146

이 책은
돈에 관한
동기부여 이야기

일러두기

1. 2024년 현재 2억 원을 달성했지만, 책에는 처음 1억 원을 모으기까지 4년 2개월 동안 실천했던 내용들을 많이 담았습니다. 다만 이 내용들은 지금까지도 유용하게 활용하고 있습니다.
2. 책에 나오는 정보들은 2024년 8월을 기준으로 정리한 내용입니다. 추후 변경될 수도 있습니다.

돈에 대해
어떠한 노력도
하지 않는 너에게

이 책은
돈에 관한
동기부여 이야기

곽지현(절약의 달인 자취린이) 지음

생각지도

역시 달인이었다

김동현 〈생활의 달인〉 PD

나는 19년 차 PD로 지금은 SBS 〈생활의 달인〉을 연출하고 있다. 〈생활의 달인〉 출연자들은 한 분야에 눅진하게 집중하면서 자신만의 삶의 스토리를 만들어낸 존경할 만한 분들이다. 촬영이 끝난 후에도 오래도록 기억에 남는 분들이 있는데 곽지현 작가도 그중 한 명이다. 책을 출간한다고 추천사를 부탁받았을 때 흔쾌히 수락한 이유도 수천 명의 달인 출연자 중 단연 압권이었고, 사람들에게 적극 추천할 만큼 훌륭한 출연자였기 때문이다.

1999년생으로 당시 24살이던 작가는 최저시급을 받으며 4년 만에 1억 원을 모으며 화제의 인물이 되었다. 월급만으로 1억 원을 모은다는 것이 얼마나 어렵고 지난한 일인지 알고 있기에 더 놀라웠다. 이후 3개월도 안 돼 아파트 청약 당첨, 연말 특집 올해의 달인 TOP3 등극, 2년 뒤 다시 1억 원 모으기를 달성하면서 작가는 〈생활의 달인〉에 무려 4번이나 출연했다.

'부단한 열정과 노력으로 달인의 경지에 이르게 된 사람들'에 걸맞게 열심히 살아온 작가가 책까지 낸다니 나오는 건 감탄사뿐이다. TV 영상이 그녀의 열심을 결과로 보여준 것이라면 이 책은 그 과정을 충실히 담고 있다. "이것저것 따지지 않고 30초간 기립박수를 쳤습니다." "자극받고 반성도 하고 갑니다." "리얼 생활의 달인이시네요." 당시 출연한 작가의 이야기를 본 시청자들의 반응은 뜨거웠다. 그런 응원을 받기에 충분할 만큼 책의 페이지마다 작가의 열정과 노력이 온전히 느껴진다. 역시 달인답다.

아무런 노력도 하지 않고 타인의 삶을 부러워만 하는 이들에게 자극이 될 만한 좋은 책이다. 돈 없다고 매번 투덜대는 이들에게 이 책부터 읽어보라고 권하고 싶다. '절약의 달인'인 작가만큼은 못 하더라도 최소한 '나도 해볼까?' 하는 확실한 동기부여는 될 것이다.

혼쭐 안 내고, 칭찬합니다

김경필 머니 트레이너, 《김경필의 오늘은 짠테크, 내일은 플렉스》 저자

최근 KBS 프로그램 〈하이엔드 소금쟁이〉에서 곽지현 작가를 만났다. '절약의 달인'이라는 수식어가 딱 어울리는 의뢰인으로 완벽한 절약 생활을 해오고 있었다. 당시 MC를 맡고 있던 가수 이찬원조차 "나도 이분을 따라해본 적 있다."라며 스타킹에 케첩 통을 넣고 돌린 경험담을 털어놓을 정도였다.

나는 주로 혼쭐내는 역할을 하고 있는데 이 책의 저자에겐 칭찬이 전혀 아깝지 않다. 방송이나 유튜브를 통해 사람들에게 정신 차리고 돈부터 모으라고 누누이 강조해왔다. 본인 소득에서 최소 50%는 저축해야 한다고 수백 번 이야기했다. 그런데도 실천하는 사람은 손에 꼽을 정도인데 곽지현 작가는 그 이상을 해내는 사람이다. 마땅히 칭찬받을 만하다.

살면서 소비만 줄여도 행복해진다. 진짜다. 아직도 믿지 못

하는 사람들이 있다. 다시 한 번 말하지만 소비는 진정한 행복을 가져다주지 않는다. 소비로 얻은 행복은 휘발성이 강해서 절대 오래가지 못한다. 안 쓰고 내 통장에 돈이 쌓이는 행복. 그것만큼 짜릿하고 크나큰 행복은 없다. 작가는 그 경험을 해봤고, 지금도 하고 있기 때문에 이렇게나 절약할 수 있었다.

소비에 대해 2030세대가 착각하는 부분이 있다. '경험'이 중요하다는 인식이다. 하지만 나는 명품이나 해외여행 등 소비의 역사가 그 시기 최고의 경험은 아니라고 생각한다. 극복의 역사야말로 진짜 경험이다. 월급의 90%를 저금하고 남은 돈으로 생활하기 위해 N잡, 앱테크, 무지출, 체험단 활용 등을 하는 이 책의 저자야말로 20대에 엄청난 경험 자산을 번 셈이다.

돈을 모으고 싶다면 궁상맞게 저축해야 한다. 창피할 만큼 아껴라. 지독하다고 욕먹을 만큼 아껴도 된다. 내가 자주 하는 말인데 이 책의 작가는 그걸 실천하는 사람이다. 《이 책은 돈에 관한 동기부여 이야기》는 절약 생활 끝판왕의 실천 기록이다. 혼쭐나본 사람들이 무엇부터 해야 할지 가이드가 되어줄 책이다. 일독을 권한다.

내가 절약하는 이유

나는 1999년생이다. 24살에 절약 생활을 통해 4년 2개월 만에 1억 원을 모으면서 SBS 〈생활의 달인〉에 '절약의 달인'으로 출연하게 되었다. 이후 한 달쯤 지나 최연소로 아파트 청약에 당첨되었고, 그로부터 2년 뒤인 올해 초에는 또다시 1억 원을 모으며 뜨거운 관심을 받았다. 나는 아직도 이런 현실이 실감 나지 않는다. 단지 꾸준히 절약만 했을 뿐인데 말이다.

나는 사실 일찍 철이 들었다. 어려웠던 가정형편 때문이었다. 그렇다고 공부를 열심히 하지도 않았다. 당연히 공부를 잘하지 못했고 흥미도 없었다. 학생이었을 때를 떠올려보면 나는 미쳐 있는 게 없었다. '불광불급不狂不及'이라고 어떤 일을 하는 데 있어서 미치광이처럼 그 일에 미쳐야 목표에 도달할 수 있다고 한다. 그런데 학생 때 나는 공부에 미쳐 있는 것도, 노는 데 열정적인 타입도 아니었다. 그냥 묵묵히 시간을 보냈다.

그랬던 내가 19살에 고등학교 졸업을 앞두고 터닝포인트를 맞이했다. 특별한 계기가 있었던 것은 아니었다. 다만 성인이 되면 아무도 내 인생을 책임져주지 않을 거라는 자각을 하게 된 것이다. 그때부터였던 것 같다. 나는 돈을 모아야겠다는 목표를 정했고, 내가 할 수 있는 최선의 방법으로 절약과 짠테크를 하기로 했다. 내 인생에 '노력'이라는 삶을 대하는 태도가 자라기 시작한 것이다.

24살에 1억 원을 모으기까지 정말 열심히 살았다. 월급의 90%를 저금했고, 집밥을 해 먹으면서 식비를 아꼈다. 공과금도 혜택을 찾아 할인을 받았고, 최대한 소비를 절제하며 지냈다. 그때부터 지금까지 나는 절약 생활에 집중하고 있다. 그러면서 학생 때도 경험해보지 못한 성취감과 희열을 느끼고 있으며 자존감도 높아졌다. 내 통장에서 돈이 늘어나는 것을 보는 것만으로 '밥 안 먹어도 배부른' 느낌이었다.

하지만 그동안 나는 주변 지인들로부터 걱정과 아쉬움 섞인 말을 참 많이 들었다. 20대에 자신을 위해 마음껏 소비해보지 않으면 나중에 후회한다는 이야기도 들었다. 물론 나도 남들처럼 마음껏 쇼핑하고 자유롭게 여행지를 누비고 싶다. 그렇지만 지금은 아니다. 나는 당장의 즐거움보다는 미래에 돈에 끌려다니지 않는 삶을 살고 싶어서 '창피할 정도로 아끼는' 절약을 선택한 것이다.

무엇보다 나는 절약 생활을 통해 남들과는 또 다른 값진 경험을 했다. 돌이켜보면 내가 이토록 한 가지 목표를 이루기 위해 절제하고 몰입한 적은 처음이었다. 수학 일타강사인 정승제 선생님이 이런 말을 한 적이 있다.

"입사할 때 회사에서는 시험을 보고 그 사람을 판단하지. 왜? 확률을 높이기 위해서야. 학생 때 정말 열심히 공부했던 것처럼 고통스러운 노력을 하고 그 과정을 겪어봤냐는 거지. 해낼 수 있는 깜냥이 되는지를 보는 거야. 그런 사람이라면 무언가를 이루기 위해 자신의 쾌락은 줄일 수 있는 확률이 높다는 거지."

나는 절약 생활을 하면서 인생의 새로운 장을 펼친 느낌이다. 처음에는 단순히 돈을 모으고 싶다는 생각으로 시작한 짠테크가 이제 나에게는 무엇이든 해낼 수 있다는 자신감을 갖게 해준다. 한 가지 목표에 미쳐 절제하고 노력한 것이 인생에서 얼마나 큰 경험인지를 깨닫고 있는 요즘이다.

모든 이들이 나처럼 살아야 한다는 마음에서 이 책을 쓴 것은 아니다. 돈에 인색하고 궁색하게 살기를 바라는 것은 더더욱 아니다. 누군가는 여행을 통해 경험을 쌓고, 배움을 통해 지혜를 얻어가는 것처럼 나는 돈을 모으면서 많은 것을 배웠다고 이야기하려는 것이다. 그리고 당신은 살아오면서 무언가에 미칠 정도로 노력한 적 있는지 물어보고 싶다. 인생에서 무엇인가에 미치고 최선을 다해본 경험, 그것이 나에겐 절약 생활과 돈 모으기였다. 비록 쉽지 않은 여정이었고 가야 할 길이 멀지만, 재미있고 즐거운 마음으로 계속 가보려고 한다.

이 책에서는 주로 1억 원을 모으기까지의 과정과 다양한 짠테크 방법들을 담았다. '이렇게까지 했다고?' 혹은 '이러니까 가능했겠네.' 할 정도로 치열했다. 나처럼 절약 생활을 하면서 때로 지치거나 허무해지는 사람에게 내 이야기가 위로와 용기가 되었으면 좋겠다. 반면 아직까지 짠테크를 해보지 않았거나 경제관념이 느슨해진 사람에겐 새로운 동기부여가 되었으면 한다.

내가 운영하는 유튜브 '절약의 달인 자취린이'나 블로그 댓글을 살펴보면 공통된 내용이 있다. 20대인데도 이렇게 열심히 사는 걸 보니 자극받고 동기부여가 된다는 내용이다. 그리고 TV나 유튜브 등에 소개된 내 에피소드를 보고 직접 따라하면서 도움이 되었다고 감사 인사를 전하는 이들도 있다. 이 책은 내가 사람들에게 전한 수많은 동기부여를 모은 것이라 할 수 있다.

돈은 버는 것보다 모으는 것이 더 중요하다. 그것은 누구나 할 수 있지만 아무나 해내는 것은 아니다. 돈 때문에 제약받지 않고 주체적인 삶을 살아가고 싶다면 반드시 해야 하는 일이다. 쉽지 않지만 해냈을 때의 성취감은 정말 짜릿하다. 그러니 부자 되기를 절대 포기하지 않기를. 나도 그럴 것이다.

2024년 10월에
곽지현

▶ 책을 시작하기 전에 짠테크에 관한 테스트를 준비했습니다. 가벼운 마음으로 체크해보고 각자의 짠테크에 필요한 부분을 이 책에서 득템하시길 바랍니다.

나는 얼마나 절약하고 있는가

1. 가계부를 쓰고 있다. ☐

2. 한 달 예산을 짜고 잘 지킨다. ☐

3. 미계획 소비가 월 1회 이하다. ☐

4. 수입, 지출을 잘 알고 있다. ☐

5. 큰 금액의 지출이 생기기 전에 미리 비상금을 모은다. ☐

6. 할부를 하지 않는다. ☐

7. 배달, 외식이 월 3회 미만이다. ☐

8. 앱테크를 하고 있다. ☐

9. 재테크 공부를 하고 있다. ☐

10. 알뜰 통신사를 사용하고 있다. ☐

11. 기본요금 택시를 타지 않는다. ☐

12. 미래 목표가 뚜렷하게 있다. ☐

13. 집 안에 쓸데없는 물건이 늘어져 있지 않다. ☐

14. 장 볼 때 장바구니를 챙기거나 장바구니 비용이 들지 않는다. ☐

15. 휴대폰을 3년 이상 사용한다. ☐

16. 카페 이용 시 텀블러 할인을 받는다. ☐

17. 치약, 샴푸, 폼클렌징 등을 말끔히 쓰고 버린다. ☐

18. 냉장고에서 버려지는 음식이 10% 미만이다. ☐

19. 안 쓰는 전기 코드는 빼둔다. ☐

20. 저축 비중이 70% 이상이다. ☐

결과 및 분석

□ 5개 미만: 잘린 고삐

이런! 고삐가 풀려버렸군요! 아직 짠테크를 한 번도 해보지 않았거나 고삐 풀린 망아지처럼 물욕을 참지 못해 소비가 터져버린 경우일 수 있습니다. 우선 가계부를 쓰면서 예산 짜기부터 시작해보세요. 가계부 쓰기와 예산 계획하기는 5장에 소개되어 있지만, 여기에 해당하는 분이라면 이 책을 1장부터 천천히 읽으면서 '나도 해보고 싶다.'거나 '나도 할 수 있을 것 같다.'는 자극과 동기부여를 받으시길 바랍니다.

□ 5개 이상 ∼ 13개 미만: 노력형 소비러

주변에서 가장 흔히 볼 수 있는 유형입니다. 분명 누구보다 열심히 살고 있지만 통장을 보면 왠지 허전해지는 기분이 들 수 있습니다. 그럴 때 포기하기보다 다시 마음을 다잡아야 합니다. 이 책은 그럴 때 필요한 이야기를 담았습니다. 여기에 해당하는 분에게는 이 책의 3장을 추천합니다. 테스트에서 체크하지 못한 부분은 어떻게 실행할 수 있을지 고민해보시기 바랍니다. 아낄 수 있는 것은 생각보다 많습니다.

□ 13개 이상 ~ 18개 미만: 절약 꿈나무

잘하고 계시군요! 지금의 페이스를 유지하되 지치지 않게 한 번씩 스스로에게 보상하는 것도 중요합니다. 5장에서 '목표 정하기'와 '동기부여 버튼 만들기'를 반드시 읽어보길 추천합니다. 절약하면서 돈을 모으는 것은 행복한 삶을 위한 하나의 과정이지 그것 자체가 목표는 아닙니다. 프로 짠테커가 되기 위해 자신의 꿈과 목표를 구체적이고 명확하게 정하세요.

□ 18개 이상: 프로 짠테커

이미 신의 경지에 이르렀군요! 앞으로도 페이스를 유지하며 더 큰 부를 창출하기 위해 재테크도 적극적으로 시작할 때입니다. 소소하지만 소중한 저의 파이프라인에 대해서는 이 책의 4장에서 소개하고 있습니다. 세상에는 다양한 재테크 방법들이 있습니다. 어떤 재테크이든 자기가 감당할 수 있는 선에서 현명하게 도전하시길 바랍니다.

**4장.
소소하지만
소중한
나의 파이프라인**

1장.

나는 부자가
되기로 결심했다

나는 흙수저를 넘어
콩고물 수저였다

살얼음이 동동 떠 있는 복숭아 에이드. 어린 시절을 떠올리면 가장 먼저 생각나는 단어다. 초등학교 1학년, 실내화 가방을 달랑달랑 흔들면서 집으로 돌아온 내게 엄마는 가장 먼저 시원한 복숭아 에이드를 내주었다. 입안에 들어가자마자 사르르 녹아내리는 살얼음 사이로 달콤한 복숭아 맛이 느껴지던 순간, 나는 세상 가장 행복한 아이였다. 아빠 지갑에는 1만 원짜리 지폐가 두둑했고, 우리 가족은 틈틈이 외식을 즐겼으며, 주말에는 거실에 모여 TV를 보면서 과일이나 과자 등 주전부리를 나눠 먹던 그런 나날이었다.

하지만 행복은 그리 오래가지 않았다. 내가 초등학교 2학년

이 되던 해, 아빠가 변했다. 울화가 깊어져서 병이 된 것인지, 아니면 다른 이유가 있었는지는 모르겠다. 아빠는 툭하면 고함을 지르고 이유 없이 가족들을 폭행했다. 기분이 나쁘다거나 회사 가기 싫다는 이유 등으로 무단결근을 계속했고, 결국 회사에서도 해고되었다. 어린 두 딸을 키울 일이 막막해진 엄마가 회사에 찾아가 사정을 얘기하며 빈 것도 여러 번. 하지만 회사 입장에서도 결근을 밥 먹듯 하는 사람을 계속 안고 갈 수는 없었기에 결국 아빠는 하루아침에 백수가 되고 말았다.

이후 엄마는 구인 관련 신문을 보면서 볼펜으로 동그라미 치기를 반복하다가 일자리가 있으면 힘든 일도 마다하지 않고 돈을 벌러 나갔다. 아빠를 대신해 엄마가 일을 하면서 나는 더 이상 달콤한 복숭아 에이드를 마실 수 없었다.

학교에서 돌아오면 늘 혼자였다. 하지만 차라리 혼자 있는 게 마음 편했다. 아빠가 있는 집은 하루도 조용할 날이 없었다. 어린 나이였지만 내 마음조차 내가 어쩌지 못할 정도로 우울하기만 했던 나날이었다. 한창 웃고 떠들 나이인 언니와 나는 아빠의 눈을 피해 1평 남짓한 작은 방에서 갇혀 지내다시피 했다. 아침이면 언니와 나는 아빠와 엄마가 싸우는 소리에 눈을 떴고, 몸을 웅크린 채 빨리 이 상황이 끝나기만을 기다렸다. 싸움 소리가 잠잠해지고 방 밖으로 나가보면 엄마는 항상 몸 어딘가가 멍들거나 다쳐 있었다. 심지어 거실에 죽은 듯 쓰러져 있던 날도 있었다.

그런 나날을 보내면서 언니는 신경질적으로 변했고, 아직 어린아이였던 나조차 불같이 싸우는 부모님께 "제발 조용히 좀 해!"라고 소리를 지르는 지경에 이르렀다. 하지만 아빠는 전혀 나아지지 않았다. 폭력과 싸움은 계속 반복되었으며, 우리 가족은 해가 갈수록 점점 피폐해지고 서로를 경멸하게 되었다. 세상에서 서로를 가장 아끼고 사랑하는 게 가족이라는데 우리가 정말 가족인 건 맞을까? 이런 의문이 들 정도로 우린 허울뿐인 가족이었다.

힘든 상황을 버틸 수 없었던 엄마는 술에 의존하기 시작했다. 그러면서도 자식을 키우기 위해 꾸역꾸역 생계를 이어나갔다. 그리고 언니는 심한 사춘기를 앓았다. 아니 그런 줄로만 알았다. 언니는 더는 학교를 다니고 싶지 않다며 자퇴하겠다고 했다. 그런 언니를 나는 이해할 수 없었다. 3살밖에 차이는 안 나지만 나보다 나이도 많으면서, 뻔히 집안 사정 잘 알면서 어떻게 저런 얘기를 할 수 있는지 철이 없다고 여겼다. 안 그래도 힘든 엄마를 더 괴롭히는 것 같아 언니가 밉기도 했고 이기적이라고 생각했다.

그런데 하루는 엄마가 혼자 술을 마시면서 울고 있었다. 조심스레 왜 그러냐고 물어보았더니 엄마는 "언니가 마음이 아프대."라고 답했다. 언니의 병명은 우울증. 그때 언니 나이 17살이었다. 단지 사춘기라서 불같이 화를 내고 짜증내는 줄 알았는데 우울증이라니…. 그동안 언니를 원망하며 차갑게 대했던 게 미안하고 후회되었다.

하지만 딸에 대한 엄마의 미안한 마음과 걱정, 염려도 언니를 우울증이라는 늪에서 건져낼 수는 없었다. 내가 15살, 그러니까 중학교 2학년 10월에 언니는 스스로 자신의 생을 마감했다. 이전에도 언니는 계속 자살 시도를 했고, 나도 몇 번 목격한 적이 있었다. 이번에도 비슷한 상황이라고만 생각했는데 결국 걱정하던 일이 벌어지고 만 것이다. 어쩌면 일어날 일이 일어난 것이었으리라. 미치거나 죽어버리지 않고는 버텨내기 힘든 상황이었으니까.

언니의 자살 이후 아빠가 큰 충격을 받고 180도 바뀌었다면 얼마나 좋았을까마는 그런 일은 일어나지 않았다. 다만 나는 남들보다 일찍 철이 들어버렸다. 앞으로는 더 이상 이렇게 살 수 없을 것 같았다. 아니, 이렇게 살고 싶지 않았다. 나라도 이 상황을 어떻게든 바꿔야겠다고 혼자서 결심했다.

그때의 나를 떠올려보면 세상 누구보다 침울하고 어두웠다.

말수가 적고, 매사 부정적이며, 사는 것을 지긋지긋하다고 생각하는 그런 얼굴. 나는 남들이 흔히 말하는 흙수저보다 더한 콩가루 집안에서 10대의 대부분을 보냈다. 하지만 20대에도 30대, 40대에도 계속 환경만 탓하면서 살고 싶지 않았다. 그게 내가 10대에 터득한 내 삶에 대한 방향타였다.

아무도 내 인생을
책임져주지 않는다

나처럼 불행한 환경에서 자란 사람들의 인생은 대개 둘로 나뉜다. 하나는 주어진 상황에서 벗어나기 위해 악착같이 노력해 탈출 기회를 노리는 경우, 다른 하나는 주어진 상황에 익숙해져서 흘러가는 대로 살거나 방황하고 엇나가서 구질구질해지는 경우다.

하지만 나는 둘 다 아니었다. 불우한 환경을 탓하며 반항하거나 방황하며 엇나가지 않았다. 그렇다고 현실을 벗어나기 위해 미친 듯이 공부를 한 것도 아니었다. 학교 수업은 빼먹지 않았지만 공부는 못하는 그저 그런 아이. 그게 바로 나였다.

어디 내놓고 자랑할 만한 성적이 아니었던 나는 결국 공업 고등학교로 진학했다. 언니가 자살한 후 엄마는 전보다 더 열심히 일했지만 그만큼 더 힘들어 보였다. 아빠만 전혀 달라지지 않았다. 늘 방에 누워 있다가 아주 가끔 일용직으로 돈을 벌었지만 어디다 쓰는지 집안 살림에는 보태지 않았다.

　그날도 그랬다. 여느 때처럼 엄마와 아빠가 심하게 싸우던 날이었다. 좀처럼 바뀌지 않는 아빠에게 진저리치며 소리를 지르는 엄마와 그런 엄마에게 당장 달려들기라도 할 듯 눈을 부릅뜬 아빠의 모습. 서로 아귀다툼을 하는 부모의 모습에 나도 모르게 소리를 꽥 질렀다.

　"제발 그만해! 이럴 거면 나는 왜 낳았어! 둘 다 똑같아! 나도 확 베란다에서 뛰어내려 죽어버리고 싶다고!"

　꾹꾹 참고만 있다가 해서는 안 될 말을 뱉은 것이다. 그렇게 해서라도 두 분이 그만 싸웠으면 싶었고, 나를 봐서라도 우리 가족이 전처럼 잘 지내길 바랐다. 하지만 내 예상과는 전혀 다른 답이 돌아왔다.

　"그럼 당장 뛰어내려 뒤지든가!"

　나보다 더 큰 목소리로 아빠가 소리쳤다. 순간 나는 할 말이 없었다. 진짜 그 자리에서 뛰어내리고 싶은 마음뿐이었다. 하지만 그 역시 용기가 필요한 일이었다. 무엇보다 그나마 내 삶의 중심이었던 엄마가 울며 매달리면서 너까지 이럴 거냐고 절규하는 모습에 정신을 퍼뜩 차렸다.

지금도 그날이 생생히 기억나는 걸 보면 나는 그때 꽤 충격을 받은 듯하다. 아무렇지도 않게 죽음을 이야기하는 아빠의 모습도 그랬지만, 차마 스스로를 해치지 못하는 내 모습이 낯설었다. 순간 자신을 스스로 세상에 없는 존재로 만들어버린 언니가 생각났다. 그러면서 나는 절대 언니처럼 할 수 없는 사람인 것을 알았다. 그렇다면 나는 악착같이 살아내야 했다.

그즈음부터 엄마에게 이혼하라고 부탁했다. 더는 이렇게 살기 싫다고, 아빠 없이도 잘 살 수 있다고, 엄마도 그걸 원하는 게 아니냐고 계속 설득했다. 하지만 엄마는 내가 성인이 될 때까지는 이혼할 수 없다고, 내가 어른이 되면 그렇게 할 테니 기다려달라고 했다.

나중에 엄마한테 들은 바로는, 언니와 내가 더 어렸을 때 엄마는 이혼에 대해 물은 적이 있었다고 했다. 지금은 한부모 가정이 늘어났고 사회 인식도 많이 달라졌지만, 당시만 해도 곱지 않은 시선이었다. 당연히 어린 나는 아빠 없는 가정에서 크는 건 싫다고 답했다. 이후 엄마는 다시는 이혼에 대해 언급하지 않았던 듯하다. 그나마 내가 20대가 되었을 때 엄마는 아빠와 이혼했다.

시간이 흘러 고등학교 2학년 때였다. 유난히 기분이 좋아 보이는 엄마에게 이유를 물었더니 8년 만에 빚을 다 갚았다고, 이제는 저축도 할 수 있다며 기뻐했다. 집에 빚이 많은 줄 모르고 있던 나는 그제야 그동안 엄마의 행동들을 이해할 수 있었다. 어린 시절 치킨을 시켜주며 마지막 치킨이 될지도 모르겠다고 안타깝게 내뱉던 말이라든가 혼자서 깊은 한숨을 쉬던 모습들이 떠올랐다. 그동안 티도 내지 못하고 혼자서 빚을 갚느라 얼마나 아등바등했을까. 엄마가 안쓰러웠지만, 한편으론 우리도 이제 적은 돈이라도 모으면서 잘 살 수 있을 거라는 생각에 행복했다. 희망이 보이는 것 같았다.

하지만 희망을 품는 것조차 사치였을까? 어느 날 울린 한 통의 전화가 모든 것을 바꾸어놓았다. 외가에 큰 빚이 생겼고, 외할머니의 집과 땅이 모두 경매로 넘어가게 생겼다는 소식이었다. 외할머니는 집만큼은 지키고 싶어 했고, 결국 일가친척들이 십시일반 돈을 모으기로 했다. 우리도 예외는 아니었다. 8년 만에 빚을 청산하고 이제야 돈 좀 모아보려 했던 엄마는 당시 우리에겐 큰돈이었던 2,500만 원을 외가에 빌려주었다.

"이제 겨우 돈 좀 모으나 했는데…."

엄마는 허망한 얼굴로 중얼거렸다.

엄마가 외가의 빚을 대신 갚아주었다는 사실을 알고 나는 고등학교를 졸업한 후의 내 모습을 생각해보았다. 더는 학교라는 울타리가 지켜주지 않고 집에서도 마음을 붙이지 못하는 내가 뭘 할 수 있을까? 해가 지나 스무 살이 되고 성인이 되면 뭐가 달라질까? 아무것도 이루지 못한 채 서른이 되고 마흔이 될지도 몰랐다.

그런 생각을 하니 어른이 되는 게 무서웠다. 친구들은 하루라도 빨리 어른이 되고 싶어 했지만 나는 달랐다. 공부머리도 없고 하고 싶은 일도 없었다. 든든하게 지원해줄 능력 있는 부모도 없었다. 그나마 학생이라는 신분이 안정감을 주었는데, 그마저도 끝내야 할 때가 곧 올 것이었다. 교복을 벗은 후의 내 미래가 너무나 불투명해서 어른이 되고 싶지 않았다.

하지만 영원히 학생 신분으로 머무를 수는 없었다. 원치 않아도 어른이 되어야 했다. 내가 나를 책임지고 감당할 수 있는 어른이 되는 수밖에 없었다. 그러려면 남들보다 10배, 100배는 더 열심히 살아야 했다.

'아무것도 없는 내 인생은 내가 책임져야겠구나!'

고등학교 졸업이 가까워질수록 나는 내내 이 생각만 했다.

141만 원,
내겐 너무 커 보였던 첫 월급

고등학교 졸업을 앞두고 대학 진학 대신 취업을 선택했다. 대학에 큰 뜻이 없었던 나는 졸업 후 학교와 연계된 중소기업의 사무 보조 직원으로 취업하게 되었다.

엄마는 어떻게든 돈은 마련할 테니 걱정 말고 대학에 가라고 했지만 난 고개를 저었다. 대학교 등록금은 우리 형편에 감당할 수 없는 금액이었다. 내가 대학에 가면 또다시 빚을 져야 하는 상황에 대학을 욕심낼 수는 없었다. 물론 남들 다 가는 대학을 못 가면 사회에서 낙오되는 게 아닌가 하는 불안함도 있었고, 대학생활을 경험해보지 못하는 데 대한 아쉬움도 있었다. 어려서부터 동물과 관련된 일이나 제과제빵 쪽에 관심이 있어서 더욱 그랬다. 하지만 오랫동안 공부도 안 했는데 무리해서 대학에 간들 잘해낼 수 있을지 확신이 없었다. 무엇보다 지금으로서는 내 힘으로 돈을 벌어야겠다는 마음이 가장 컸다.

아직도 또렷하게 기억난다. 2017년 10월 11일, 나의 첫 출근날이다. 아직 고등학교를 졸업하기 전이었으니 20살이 되기 전이었지만, 우리 학교에서는 이런 경우가 많았다. 한동안은 교복 대신 사복을 입고 학교가 아닌 회사로 출근하는 것이 어색했다. 첫 직장생활은 낯선 것들로 가득했고 배워야 할 것들의 연속이었다.

바쁘게 한 달여의 시간을 보내고 첫 월급을 받았다. 세후 1,053,570원. 10월 11일부터 10월 31일까지 근무한 나의 첫 월급은 100만 원을 조금 넘긴 금액이었다. 첫 월급을 확인하던 그 순간은 지금 생각해도 떨리고 설렌다. 명절에 10만 원 단위의 돈을 만져본 게 고작이었는데, 100만 원은 당시의 나에겐 엄청나게 큰 금액이었다.

매일 그 숫자를 들여다보며 뿌듯해하다 보니 또 한 달이 지났다. 그리고 또다시 월급날이 되었다. 이번에는 세후 1,411,245원이었다. 내가 이렇게 큰돈을 벌고 있다는 게 신기할 뿐이었다. 첫 월급을 받으면 가족 선물을 사거나 평소 갖고 싫었던 물건을 사는 경우가 대부분이다. 하지만 나는 내가 힘들게 번 돈을 함부로 쓰고 싶지 않았고, 몇 개월 동안 통장에 차곡차곡 넣어두기만 했다.

3개월 정도 지나 통장에 350만 원 정도가 쌓였을 때, 80만 원을 인출해 종로3가의 금은방 거리에 갔다. 엄마 생각이 났기 때문이다. 처음에는 엄마에게 목걸이를 사줄 생각이었다. 그런데 문득 아빠가 팔아버린 결혼반지가 생각났고, 엄마에게 반지도 사주고 싶었다. 결국 생애 처음으로 내가 번 돈으로 엄마를 위한 선물로 목걸이와 반지, 귀걸이 세트를 구입했다.

아직은 앳된 얼굴의 내가 첫 월급으로 엄마 선물을 사러 왔다는 이야기를 들은 금은방 사장님은 기특하다며 1만 원을 용돈으로 주셨다. 감사 인사를 하고 돌아오면서 나는 그 돈으로 풀빵을 사 먹었다. 그날 먹은 풀빵은 정말 맛있었다. 세상을 다 가진 듯 행복했다. 선물을 받고 엄마가 나보다 더 행복하고 기뻐했음은 물론이다.

엄마를 위해 내 인생에서 가장 큰 소비를 한 그날 이후 나는 월급을 거의 쓰지 않았다. 나의 미래를 위해 허투루 돈을 쓰고 싶지 않았다. 내가 할 수 있는 최선은 무조건 아끼고 모으는 것뿐이라고 생각했다. 물론 자유롭게 여행을 다니거나, 예쁜 옷을 사고 맛집 투어를 다니는 친구들이 부러운 적도 있었다. 하지만 그럴 때마다 마음을 다잡았다. 사고 싶은 것을 사고, 먹고 싶은 것을 마음대로 먹다가는 내 미래가 암담할 게 분명했다.

첫 직장생활을 하면서 월급이 들어오면 나는 한 달에 딱 10만 원만 썼다. 그게 가능하냐며 지금도 의아해하는 사람들이 많다. 당시엔 부모님과 함께 살았고, 친구들도 아직 학생 신분이라 씀씀이는 고등학교 때와 크게 다르지 않았다. 고등학교 때 10만 원 정도의 용돈으로 지냈던 것처럼 한 달을 보냈다. 가끔 친구들을 만났고 필요한 물건이나 필기구를 사는 정도였다. 교통비는 용돈으로 해결했고 회사에서 점심을 제공해 주어 가능했다.

내가 스스로 '내 용돈은 한 달에 10만 원'이라고 생각했던 데는 또 다른 이유가 있었다. 사실 소비에는 제한이 없다. 직장인의 경우 수입은 정해져 있는데 소비의 제한선을 정하는 사람은 많지 않다. 정해진 수입 안에서만 쓰면 된다고 생각할 뿐이다. 하지만 그렇게 살다 보면 아랫돌 빼서 윗돌 괴는 수준밖에 안 되고, 밑 빠진 독에 물 붓기가 될 수밖에 없다. 결국 돈에 끌려다니는 꼴이 되는 것이다.

나는 경제적인 측면에서 더 이상 끌려다니는 인생을 살고 싶지 않았다. 그러려면 철저히 소비를 제한해야 했다. 물론 소비를 줄이는 대신 수입을 늘리는 것이 이상적인 방법이다. 하지만 남들보다 특별한 능력이 있는 것도 아닌 19살의 내가 할 수 있는 방법은 그것뿐이었다. 남들이 보기엔 궁상맞다고 생각했겠지만, 아끼면 아낄수록 나는 더 짜릿했다. 심지어 10만 원이라는 한 달 용돈으로 엄마와 장을 볼 때도 있었지만 2만 원 정도 남는 달도 있었다.

한 달 용돈 10만 원으로 생활했지만 나는 누구에게도 짠순이로 살고 있다고 말하지 않았다. 잘못한 것도 없는데 잘못한 기분이 들었기 때문이다. 주변을 둘러봐도 아끼는 행복보다 소비하는 행복을 더 높이 평가하는 사람들뿐이었다. 오른손잡이들의 세상에 홀로 떨어진 왼손잡이가 된 기분이었다.

하지만 얼마 지나지 않아 그건 틀리고 맞고의 문제가 아님을 깨달았다. 틀린 게 아니라 다른 것이었다. 서로 목표하는 것이 다르고, 절실하게 원하는 게 다르기에 살아가는 모습 또한 다를 수밖에 없었다. 그 사실을 인정하고 깨닫는 순간 마음이 편해졌다. 나는 돈을 모으고 있는 내가 좋았다. 짠순이인 내가 너무 좋았다.

나의
첫 파이프라인

첫 직장에서 받은 월급 141만 원은 당시로서는 최저시급 수준이었다. 자료를 찾아보니 내가 출근을 시작한 2017년의 최저시급은 6,470원으로 월급으로 계산하면 1,352,230원이었다. 그다음 해인 2018년의 최저시급은 7,530원이고, 최저 월급은 1,573,770원이었다. 2017년 하반기에 입사했으니 최저시급에 준하는 월급이었던 셈이다. 적은 월급이었지만 내가 담당했던 사무 보조는 업무적으로 그리 힘들지 않았다.

그 무렵 나에겐 새로운 직업이 생겼다. 어려서부터 동물을 좋아하던 나는 초등학생 시절부터 햄스터를 키우고 있었는데, 햄스터 관련 커뮤니티에서 햄스터 쇼핑몰의 직원을 알게 되었다.

연도별 최저시급

적용 연도	시간급	월급 (8시간 기준)	월급 (209시간 기준, 고시 기준)
24.01.01-24.12.31	9,860원	78,880원	2,060,740원
23.01.01-23.12.31	9,620원	76,960원	2,010,580원
22.01.01-22.12.31	9,160원	73,280원	1,914,440원
21.01.01-21.12.31	8,720원	69,760원	1,822,480원
20.01.01-20.12.31	8,590원	68,720원	1,795,310원
19.01.01-19.12.31	8,350원	66,800원	1,745,150원
18.01.01-18.12.31	7,530원	60,240원	1,573,770원
17.01.01-17.12.31	6,470원	51,760원	1,352,230원
16.01.01-16.12.31	6,030원	48,240원	1,260,270원
15.01.01-15.12.31	5,580원	44,640원	

출처 : 최저임금위원회

그 쇼핑몰은 개업한 지 몇 달 안 된 작은 가게였는데, 직원은 열정이 넘쳤지만 어딘가 어설픈 사람이었다. 햄스터에 대해 그 직원보다 잘 알고 있던 나는 그의 어리바리한 모습이 안타까워서 도와주겠다고 덜컥 약속했고, 그 쇼핑몰 아르바이트생이 되었다. 나는 퇴근 이후나 주말이면 쇼핑몰의 SNS 홍보와 각종 이벤트 기획, 심지어 이벤트와 관련된 물품을 제작하는 다양한 업무를 진행했다. 재택근무를 하는 N잡러가 된 것이다.

햄스터를 키우던 나는 햄스터 관련 커뮤니티 분위기를 잘 알고 있었다. 오래전부터 햄스터와 관련된 일을 하고 싶었던 터라 쇼핑몰 업무는 즐거웠다. 쇼핑몰에서는 다양한 일을 했다. SNS를 관리하며 이벤트 기획 업무를 도왔고, 다양한 원단을 구입해서 햄스터가 사용하는 집을 만들기도 했다. 생선회의 물기를 닦을 때 사용하는 해동지를 염색해서 작두로 잘라 햄스터 베딩을 직접 만들어 판매하기도 했다. 잡다한 일이 많아서 밤을 새우기도 했고, 점심시간에 짬을 내 일하기도 했지만 정말 재미있었다. 매달 30만 원 정도의 추가 수입은 또 다른 기쁨이었다.

내가 좋아하고 잘하는 일을 하다 보니 또 다른 기회가 찾아왔다. 앞서 햄스터 쇼핑몰 일을 하던 중에 다른 햄스터 쇼핑몰 사장님을 알게 되었다. 그 사장님은 내가 이전 쇼핑몰에서 일하는 모습을 보고 좋게 평가했던지 자기네 쇼핑몰 일도 도와달라고 요청했다. 나는 양쪽 쇼핑몰 사장님의 양해를 구한 다음 두 곳의 쇼핑몰 일을 진행했다. 어쩌면 경쟁 관계인 두 햄스터 쇼핑몰을 내가 다 맡게 된 것이다.

다행히 양쪽 쇼핑몰에서의 업무는 약간 달랐다. 나중에 일하게 된 쇼핑몰에서는 주로 제품을 포장하는 소소한 일을 했다. 포장지에 물건을 넣고 스티커를 붙여 완성하면 개당 20원이었다. 많이 할수록 수입도 늘어났기에 퇴근 후에 씻고 저녁을 먹고 나면 곧바로 책상에 앉아 잠을 자기 전까지 바쁘게 손을 움직였다.

직장생활을 한 지 6개월 정도 지난 때였는데, 나는 돈 버는 재미를 알기 시작했고 돈이 통장에서 조금씩 쌓이는 게 신기하기만 했다. 그래서 돈을 번 지 반년이 지나도록 예금과 적금에 대한 개념도 모른 채 월급을 통장에 모아두기만 했다.

2018년 5월, 첫 월급을 받고 7개월이 지난 후 나는 통장을 확인해보았다. 월급으로 모은 돈과 두 군데 쇼핑몰에서 번 수입을 더하니 나의 순자산은 1,200만 원이었다. 회사를 다니면서 최저시급을 받았지만 나는 어림잡아 한 달에 평균 172만 원을 저금한 셈이었다.

미국의 자수성가 사업가인 엠제이 드마코의 책 《부의 추월차선》에는 "단돈 1,000원이라도 좋으니까 돈이 들어오는 흐름을 만들어야 한다. 이토록 돈의 흐름을 중요시하는 이유는 처음에는 찔끔찔끔 들어오는 돈이 어느새 굵직한 흐름이 되어 들어온다."라는 구절이 있다. 이 책을 읽은 뒤에야 알게 되었다. 나는 그때 적은 액수이긴 했지만 매달 벌어들인 부수입으로 돈이 지속적으로 들어오는 흐름을 만들고 있었다. '찔끔찔

꿈 들어오는 돈'이 이후 나에게 굵직한 흐름을 만들어준 것이다. 단돈 1만 원이어도 좋다. 꾸준히 돈이 들어오는 흐름을 만들어두면 돈 모으는 재미를 알게 된다.

적금은 최고의
스트레스 해소법

일을 시작한 지 7개월 만에 1,200만 원이라는 돈을 모았지만
나는 돈을 관리하는 데는 무지했다. 내 인생을 내가 책임지기
위해서는 일단 돈을 벌고, 아끼고, 부지런히 모아야 한다는 생
각뿐이었다. 한 달에 얼마씩 저금하고, 목돈이 되면 어떤 식으
로 굴리겠다는 계획은 없었다. 돈을 모은 다음에는 무엇을 하겠
다는 구체적인 목표도 세우지 않았다. 그러다 보니 월급 통장에
는 매달 돈이 쌓이긴 했지만 그냥 숫자로만 보일 뿐이었다. 대
책이 필요했다. 그때부터 나는 돈에 대해 공부하기로 했다.

  우선 유튜브를 찾아보고 인터넷을 검색하면서 목돈을 모으
려면 예금과 적금을 구분해야 하고, 통장 쪼개기도 필요하다

는 사실을 알게 되었다. 사실 경제 교육이라곤 한 번도 받아본 적 없던 경제 초보인 내게 예금, 적금, 통장 쪼개기 등과 같은 단어들은 낯선 것이었다. 일단 새로운 경제 용어가 나오면 메모해두었다가 찾아보고 공부하면서 경제 관련된 개념들을 하나씩 익혀나갔다.

예금과 적금의 구분

예금과 적금			
예금		적금	
목돈에 이자 수익을 발생시키기 위해 은행에 일정 기간 동안 묶어두는 방식		목돈을 만들기 위해 일정 금액을 일정 기간 동안 납입하는 방법	
자유예금	정기예금	자유적금	정기적금
자유롭게 입출금 가능	일정 기간 묶어놓는 방식	금액에 상관 없이 자유롭게 납입	정해진 금액을 월1회 납입

우리가 흔히 알고 있는 예금은 주로 '자유입출금식 예금(자유예금)'으로 일반적으로 돈의 입출금이 자유로운 통장을 말한다. 반면 같은 예금이지만 '정기예금'은 정해진 목돈을 정해진 기간만큼 은행에 맡겨두었다가 일정한 이자를 받는 것이다. 예금과 달리 '적금'은 일정 기간 동안 자신이 정한 금액을 정기적 또는 비정기적으로 은행에 맡겼다가 계약 만료 후에 이자와

통장 쪼개기

월급 통장			
저축 통장	고정비 통장	생활비 통장	비상금 통장
선저축 후지출	관리비, 보험비, 교통비 등 고정적으로 지출되는 금액	식비, 소모품, 꾸밈비 등 유동적으로 지출되는 금액	경조사 대비용

함께 일괄적으로 돌려받는 것이다. 간단한 예금과 적금에 대한 개념조차 나는 경제 공부를 시작하면서 정확히 알게 되었다.

예금과 적금에 비해 '통장 쪼개기'는 더 낯선 개념이었는데, 말 그대로 월급 통장을 저축, 고정비, 생활비, 비상금 등과 같이 쓰임새에 따라 통장을 나누어 관리하는 것을 뜻한다. 그때까지도 나는 월급 통장 하나만으로 생활하고 있었는데 당장 새로운 통장 개설이 필요해 보였다.

그런데 혼자서 은행에 갈 자신이 없었다. 어린 시절 엄마를 따라 은행에 간 적 있었는데, 그곳은 긴 대기 시간을 견뎌야 하는 지루하고 너무 조용한 공간이었다. 게다가 경제와 관련해 예금, 적금 등에 대한 기본적인 용어도 잘 모르던 나는 은행 창고에서 담당 직원을 상대해야 하는 것이 두려웠다.

엄마에게 부탁해 같이 은행을 방문했다. 내 차례가 되어 은행 직원과 이야기를 나눈 후 예금과 적금 통장을 각각 만들기로 했다. 그동안 모았던 1,200만 원 중 1,000만 원은 정기예금으로 넣고, 적금 통장도 2개 개설하기로 했다. 당시 내 월급은 150만 원 정도였는데 100만 원짜리와 50만 원짜리로 나누어 적금을 넣었다. 이미 적금 통장을 개설하러 가기 전에 월급은 전부 적금에 넣기로 결심했다.

적금 통장을 개설하는 과정은 생각보다 너무 간단했다. 심지어 휴대폰으로 은행 앱에 들어가면 바로 만들 수 있었다. 엄마에게 부탁해 어렵게 찾아간 은행이었는데, 이렇게 쉽게 통장을 개설할 수 있다는 게 놀라웠다. 통장 개설이 인터넷 회원 가입만큼이나 쉽다는 것을 나는 20살이 되어서야 알았다.

적금 가입을 끝내고 은행을 나서는데 근처 다른 은행에 현수막이 하나 걸려 있었다. '첫 가입 시 이자 3.3%.' 나는 홀린 듯 그 은행으로 들어갔다. 3.3%의 이율을 적용받기 위해서는 신규 회원이어야 하고, 3년짜리 정기예금과 적금을 가입해야 한다고 했다. 그 말을 듣고 나는 바로 100만 원짜리 정기예금과 30만 원짜리 적금을 개설했다. 벌써 정기적금으로 나가는 돈이 총 180만 원이었다. 이게 가능했던 이유는 나의 파이프라인, 즉 두 군데 쇼핑몰에서 벌어들이는 부수입 덕분이었다.

은행을 나서면서 내 마음은 이미 부자가 되어 있었다. 이제 시작인데 이미 목돈을 다 모은 것만 같았다. 그날 집으로 돌아온 나는 밤새 은행 앱으로 통장을 구경했다. 다운받은 은행 앱에서 여러 카테고리를 드나들기도 하고, 시험 삼아 내 손으로 적금을 개설하고 해지해보기도 했다. 막상 해보니 어렵지 않았다. 엄마까지 대동했던 게 부끄럽기도 했지만 뿌듯한 마음이 더 컸다.

그때부터 나는 예·적금의 재미에 빠져서 적금 특판 도장깨기를 하고 있다. 남들이 맛집, 멋집, 여행지 도장깨기를 하러 다닐 때 나는 적금 이율 5%, 10% 특판 상품이 뜨면 어떻게든 가입했다.

여윳돈이 조금이라도 생기면 여러 가지 이름을 붙인 소액 적금도 만들었다. 가장 기억에 남는 적금은 '월요일 싫어' 통장이었는데, 매주 월요일마다 1,818원을 이체하는 적금 계좌였다. 적금명은 1818을 한글로 하면 월요일의 딱 내 기분이라서 그렇게 지었다. 나도 직장인이다 보니 월요일이 정말 싫었는데 '월요일 싫어' 통장은 나만의 스트레스 해소법이었다. 매주 1,000원 남짓의 금액이라 상대적으로 푼돈처럼 느껴지지만 1년 후면 10만 원 가까운 돈이 모였다. 매주 1,818원을 이체하면서 잔금이 불어나는 것을 보면서 수많은 월요일을 반복했던 것이다.

많은 사람들이 직장생활에서 받은 스트레스를 풀기 위해 술도 마시고 쇼핑도 한다. 자신을 괴롭히는 세상을 향해 돈으로 복수라도 하듯 카드를 긁어댄다. 하지만 그 행복은 다음 달 카드 명세서를 받기 전까지만이다. 어쩌면 카드를 사용하고 다음 날 바로 후회하는 이들도 있을 것이다.

나 역시 돈을 벌기 위해 직장생활을 하고 아르바이트를 하다 보면 몸도 마음도 힘든 날이 많았다. 스트레스를 받을 때도 있었다. 그럴 때 **나는 맛집을 찾아가거나 쇼핑을 하는 대신 세상을 향한 '보복 적금'을 선택했다.** 힘들면 힘들수록 더 적금에 매달렸다.

보복 적금은 하면 할수록 돈이 모인다. 쇼핑하고 집에 돌아와 구입한 물건을 꺼내 보면서 마음을 달래듯 나는 통장에 쌓인 돈을 보면서 세상에 복수하고 있었다. 통장에 찍힌 숫자를 보면 스트레스가 풀렸고 그 숫자를 더 키우고 싶었다. **돌이켜 보면 보복 소비가 아닌, 적금 쇼핑과 보복 적금이 나에겐 최고의 스트레스 해소법이었다.**

1년에
2,000만 원 모으기

2018년, 20살이 되었을 때도 나는 여전히 최저시급을 받았다. 당시 내 연봉은 2,000만 원이 겨우 넘었다. 12개월로 나눠 월급으로 계산하면 170만 원이 안 되었고, 세금까지 공제하면 1년에 고스란히 2,000만 원을 손에 쥐기란 현실적으로 불가능했다.

그럼에도 나는 무작정 '1년에 2,000만 원 모으기'에 도전했다. 돈 모으기에 관심을 갖게 되면서 매일 절약과 저축 관련 유튜브를 찾아보았다. 그중 관심 가는 영상이 하나 있었다. 그 영상에서는 1년에 1,000만 원을 모으려면 매달 약 83만 원을 저금해야 하고 2,000만 원을 모으려면 매달 약 166만 원을 저금

한 달 저축액에 따라 모을 수 있는 돈

연수	한 달 83만 원	한 달 166만 원
1년	1,000만 원	2,000만 원
2년	2,000만 원	4,000만 원
3년	3,000만 원	6,000만 원
4년	4,000만 원	8,000만 원
5년	5,000만 원	1억 원

해야 한다고 설명했다. 한 달에 83만 원은 충분히 저금할 수 있었다. 하지만 그렇게 1년 모아봤자 1,000만 원이었고 큰 금액이라는 생각이 안 들었다. 일단 되든 안 되든 1년에 2,000만 원 모으기를 해보자고 결심했다. 은행에 방문해 적금 통장을 개설할 때 무리할 정도의 금액으로 가입한 것도 그런 이유에서였다.

연봉이 2,000만 원인데 1년에 2,000만 원을 모으겠다고 말하면 사람들은 '뭘 모르고 하는 소리'라고 한심해한다. 무모한 도전일 수도 있었지만 나는 왠지 자신이 있었다. 적금 액수를 늘리려면 지출을 줄이면 되고, 월급이 적으면 더 벌면 된다고 생각했다.

가장 먼저 나는 가계부 첫 페이지에 '1년에 2,000만 원 모으기'라고 적었다. 1년에 2,000만 원씩 모은다면 5년 뒤에는 1억 원이 된다. 갑자기 마음이 부풀어올랐다. 당장 2,000만 원은 못 모으더라도 5년 내에 반드시 1억 원을 모으겠다고 결심했다. 그 다짐이 얼마 지나지 않아 무너져버리지나 않을까 싶어 A4 종이에 그림을 하나 그렸다. '1억 햄지은행'이라고 적은 수표였다.

햄스터를 정말 좋아해서 은행명도 햄스터와 관련된 이름을 지었다. 당시 나는 당연히 1억 원이 없었고 당장에 가질 수도 없었다. 하지만 1억 햄지 수표를 계속 보면 '1년에 2,000만 원 모으기'를 다시 떠올릴 수 있을 것 같았다. 자기가 원하는 것을 계속 떠올리고 되새기면 그 에너지가 찾아온다는 '끌어당김의 법칙' 같은 것도 몰랐다. 그냥 그렇게라도 1억 원을 간직하고

내가 만든 1억 햄지은행 수표

싶었다. 나는 '1억 햄지은행'에서 발행(?)한 1억 원짜리 수표를 지갑에 잘 넣어두었다. 5년 뒤에 내 통장에 1억 원이 찍힌 모습을 상상하면서.

첫 직장에서 나는 매년 연봉 인상 시즌마다 좌절했다. 최저 시급을 벗어나지 못하는 월급을 보면 내 능력이 너무 하찮게 보였고 인정받지 못한다는 생각이 들었다. 그렇다고 서러워만 하고 있을 수는 없었다. 나는 부업에 더 매달렸다. 친구들과의 약속을 조금 줄였고, 휴일에는 다른 아르바이트를 하면서 수입을 늘리기 위해 애썼다. 다행히 햄스터 쇼핑몰 부업으로 매달 30~80만 원의 부가 소득이 생겼고 저축액도 늘어났다.

당시 나는 햄스터 쇼핑몰 외에 집 근처 호프집에서 아르바이트도 했다. 회사 퇴근 후 호프집으로 출근해 새벽 2~3시까지 일했다. 호프집 아르바이트가 끝나면 집에 돌아가 바로 잠들었고, 다음 날 또다시 회사로 출근하면서 몇 달을 지냈다.

생각해보면 그 무렵 나는 매일 바쁘게 살았다. 가끔 힘들 때면 돈 모으기를 그만두고 싶다는 마음도 들었다. 하지만 그런 마음도 통장 잔고를 보면 금세 수그러들었다. 20대 시절을 마음껏 즐기지 못하는 게 아니냐고 안쓰러워하는 이들도 있었지만 나는 그렇게 생각하지 않았다. 당시 나는 친구들과 어울려

노는 것도 좋았지만 늘어나는 통장 잔고를 보는 것이 정말로 행복했다. 매일 들여다보고 또 들여다봐도 지겹지 않았고 마음이 들떴다. 운동이든 독서든 공부든 내가 원하는 목표에 가까워질수록 느껴지는 희열을 경험해본 사람이라면 그 기분을 백분 이해할 것이다. 당시 늘어나는 통장 잔고는 열심히 살아가는 내 삶을 증명해주고 있었다. 20대의 누군가에겐 배움과 경험 등이 그 자리를 차지하겠지만 그렇게 해서라도 돈이라는 큰 난제를 해결해나가고 있던 나는 더 바랄 게 없었다.

회사생활에 부업까지 하느라 돈을 쓸 시간도 없었다. 당시 나의 한 달 평균 소비는 10~20만 원 내외였다. 아끼면서 최소한의 소비만 하던 때라 매달 급여의 100% 이상을 저축할 수 있었던 것이다. 목표했던 2,000만 원을 모으기 위해 166만 원을 적금에 넣고도 돈이 남았고, 남은 돈은 바로바로 또 다른 적금과 예금으로 묶어두었다. 어떤 달은 한 달 저축액이 200만 원 이상일 때도 있었다.

적금에 가입하고 1년이 지났다. '1년에 2,000만 원 모으기'라는 자칫 무모해 보였던 도전은 목표를 훌쩍 넘겨 성공했다. 최저시급을 받는 나에겐 불가능한 일이라고 말하는 사람도 있었지만 나는 결국 해냈다.

당시 여러 부업을 하며 알게 된 지인 중에 수입이 꽤 높은 사업가가 한 분 계셨다. 그분은 젊은 시절 사업을 성공시켜 매달 순수익으로 1,000만 원을 버는, 연봉으로 따지면 1억 7,000만 원 정도를 벌고 있었다. 내가 아끼면서 생활하는 모습을 보고 대견해하셨지만 이런 말을 해주셨다.

"적은 월급을 아껴 쓰면서 악착같이 모으는 것도 좋아요. 하지만 돈을 많이 쓰고도 돈이 남는, 한 달 수입을 더 많이 버는 사람이 되는 게 나아요. 그러려면 본인의 가치를 높여야 합니다."

그분이 왜 그런 이야기를 하셨는지 충분히 이해한다. 부자가 되기 위해서는 2가지 방법이 있다. 첫째, 수입을 지출보다 월등히 높이는 것이다. 둘째, 제한적인 수입 안에서 지출을 줄이는 것이다.

2가지 방법 중에 굳이 더 효율적인 방법을 고른다면 첫 번째 방법이다. 하루라도 빨리 돈을 모으려면 아끼는 쪽보다 더 많이 버는 쪽으로 가야 한다. 수입이 지출보다 월등히 높아지면 높은 생활수준을 유지하면서도 부자가 될 수 있기 때문이다. 자기계발 등을 통해 연봉을 올리거나 사업을 통해 성공하는 것이 이에 해당한다. 무엇보다 아끼는 것은 버는 것이 기준이 되기 때문에 액수의 한계가 있지만, 버는 데는 한계가 없다.

하지만 모든 사람이 더 많이 벌면서 돈을 모을 수 있는 것은 아니다. 누구나 돈을 많이 벌고 싶지만, 매월 200~500만 원 정도의 월급을 받는 급여 생활자가 첫 번째 방법을 택하기란 쉽지 않다. 자신의 가치를 높여 더 많이 벌기 위해서는 시간과 노력이 필요하다. 평범하기 그지없는 나에겐 쉽지 않은 일이었다. 그래서 나는 나에게 주어진 척박한 생태계 안에서 어떻게든 부자가 될 방법을 찾아야 했다. 제한적인 수입 내에서 지출을 줄이는 것, 그것이 나에겐 최선이었다.

예산을 계획하고, 가계부를 쓰고, 소비를 줄이면서 나는 체계적으로 돈을 모으고 지출하는 방법을 터득해갔다. 그러면서 저축 금액도 빠른 속도로 높아졌다. 1년에 2,000만 원 모으기 목표는 이미 달성했고, 2년 7개월(2017년 10월~2020년 5월) 동안 회사를 다니고 부업을 하며 모은 돈은 약 7,000만 원 정도였다. 매달 225만 원을 모은 셈이었다. 1억 모으기 목표가 코앞에 다가왔다.

CHECK 당신은 어떤 사람이 되길 원하는가?

☐ 수입을 지출보다 높이는 사람
☐ 제한된 수입 안에서 지출을 줄이는 사람
☐ 수입은 늘리고 지출은 줄이는 사람

22살 자취 시작,
그럼에도 저축왕

19살 가을에 입사했던 첫 직장을 22살 5월에 그만두었다. 2년 7개월 동안 7,000만 원을 모은 직후였다. 당시 내가 하던 업무는 세금계산서 처리와 잡다한 서류 처리 업무였다. 별다른 스펙 없이 취업한 내가 할 수 있는 일들이었지만, 그 말인즉 누구나 어렵지 않게 할 수 있는 일들이란 뜻이었다. 그러다 보니 시간이 지나도 성장이나 발전이 없었다. 나의 5년 후, 10년 후 미래를 생각해보았다. 이 회사에서 새로운 것을 배워 능력을 키울 수 있을까? 경력이 많아진다고 내가 만족할 만한 연봉을 받을 수 있을까? 아무리 고민해봐도 대답은 'NO.'였다.

기분 내키는 대로 나를 함부로 대하던 상사도 더는 감당하기 힘들었다. 개인적인 일로 기분이 안 좋은 날이면 화풀이라도 하듯 나를 무시했고, 말을 걸어도 대답조차 하지 않았다. 심한 날은 내 어깨나 이마를 손가락으로 툭툭 밀기도 했다. 지금이었으면 아무리 상사라도 가만 있지 않았을 텐데 당시엔 '그래도 상사니까.' 하면서 마냥 참고만 있었다. 앞으로 회사에서 계속 봐야 하는데 나만 참으면 된다고 생각했다.

일이 힘들면 돈을 보고, 돈이 적으면 사람을 보고 회사를 다닌다는 말이 있다. 그런데 나의 첫 직장은 시간이 지날수록 일도 사람도 월급도 어느 것 하나 마음에 들지 않았다. '더는 최저시급 인생으로 살고 싶지 않다.'라는 마음속 외침이 들려왔다.

때마침 덜컥 해고 통보를 받았다. 이유는 경영 악화로 인한 인원 감축이었다. 그때부터 앞으로 무엇을 하며 살아야 하는지 고민하기 시작했다. 오래전부터 제과제빵이나 동물 관련 일을 해보고 싶었는데 뒤늦게라도 대학에 입학해야 하나 생각했다. 하지만 이제 경제적으로 독립했는데 다시 지출만 늘어나는 대학생활은 가당치도 않았다. 4개월간 실업급여를 받으며 관련 회사에 취업해볼까 고민하다가 갑자기 내가 좋아하고 해보고 싶었던 햄스터 관련 직종이 떠올랐다. 찾아보니 대전에 국내 최대 규모의 햄스터 기업이 있었다. 나는 바로 지원했고 그 회사에 덜컥 합격해버렸다.

22살이 되도록 경기도 시흥을 벗어난 적 없는 평범한 삶을 살았다. 그런데 무슨 생각으로 대전까지 가서 면접 보고 취업할 마음이었는지 그때 용기를 내준 내 자신이 고맙다. 새로운 것에 도전하기를 두려워하던 나는 취업과 함께 인생의 터닝포인트를 맞이하게 되었다.

나는 그동안 애써온 날들에 대한 보상으로 며칠 남지 않은 백수 생활을 마음껏 즐겼다. 그리고 얼마 뒤 대전에 전세 2,500만 원짜리 8평 원룸을 구했다. 그간 모아둔 돈으로 해결하기 위해 대전에서 가장 저렴한 전셋집을 구한 것이다. 어찌저찌 집은 구했지만, 아는 사람 하나 없는 대전에서의 자취 생활은 시작하기도 전에 걱정과 부담감으로 다가왔다. 집을 떠날 시간이 다가오자 마음도 조급해졌다.

하지만 내가 용기 내어 선택한 삶의 방향이었기에 잠깐의 쉼을 접고 대전에서의 생활을 준비하기 시작했다. 집은 구해두었으니 내부를 채울 여러 가지를 장만해야 했다. 막상 텅 빈 집을 채울 것들을 정리하다 보니 이불이나 책상은 물론 숟가락, 수건 등 돈 들 일이 많았다. 나는 돈을 아끼기 위해 집에 있는 물건들을 조금씩 가져가기로 했다. 옷가지와 이불, 슬리퍼는 기본이고 커피포트와 숟가락, 수건, 손걸레, 청소 솔에 간장, 설탕과 같은 기본 양념까지 모두 챙겼다. 큰 짐은 택배로 보내고, 반려동물인 햄스터와 함께 대전으로 향했다.

대전 원룸에 들어서는 순간 약간 절망적이었다. 바닥에는 온갖 죽은 벌레가 가득했다. 군데군데 핏자국도 보였으며 집 안 곳곳에 깨진 소주병까지 나뒹굴고 있었다. 집을 보러 왔을 때는 세입자의 짐만 가득해서 미처 눈에 들어오지 않았던 모습들이었다. 핏자국을 본 나는 덜컥 겁이 나서 집주인에게 전화했다. 집주인은 이전 세입자 커플이 심하게 싸운 흔적이라고 말했다. 이야기를 듣고 나니 확실한 청소가 필요하다는 생각이 들었다. 보통 이사 전에는 입주 청소 대행업체를 불러 내부를 깔끔히 정리한다는데 알아보니 5만 원이었다. 5만 원에 그냥 맡길까 하는 마음이 굴뚝이었지만 눈을 질끈 감고 내가 직접 청소하기로 했다.

그렇게 이틀 동안 새로 구한 원룸을 쓸고 닦았다. 팔다리에 감각이 없어질 정도로 힘들었다. 그깟 5만 원, 그냥 쓰고 말 걸 후회도 되었지만 끝내고 나니 속이 다 후련했다. 집 안 청소가 마무리될 즈음 택배로 보낸 짐들이 도착했고, 자취방을 하나씩 정리해나갔다.

본가에서 가져올 물건들을 어느 정도 챙겼다고 생각했는데,

막상 혼자 살기 시작하니 예상치 못한 지출이 늘어나기 시작했다. 밥을 해 먹어야 하니 냄비와 그릇, 프라이팬 등이 필요했고 빨래 건조대도 있어야 했다. 화장실의 두루마리 휴지도 사야 했고, 관리비와 전기세, 가스비, 수도세도 온전히 내가 감당해야 했다. 머릿속에서 빠르게 계산기를 두드렸다.

"관리비, 전기세, 수도세, 가스비, 휴대폰 비용, 보험료… 고정비만 해도 20만 원이 훌쩍 넘잖아!"

그나마 전세라 월세 걱정은 덜었지만, 숨만 쉬어도 나가는 고정 비용을 생각하니 머리가 지끈거렸다. 엄마와 함께 살 때는 먹거리 걱정은 안 했는데 이젠 식비조차 온전히 내 몫이었다. '집 나가면 고생'이라는 말이 현실로 다가왔다.

역시나 자취를 시작하고 한두 달 동안 지출이 늘었다. 물론 집 안을 꾸미기 위해 지출한 것은 아니었다.

꼭 필요한 생필품만 구입했는데도 100만 원 가까이 쓴 것 같았다. '집 나가면 고생'이고 '부모 밑에 있을 때가 가장 행복하다.'는 어른들 말씀이 잔소리가 아님을 절실히 깨달았다.

자취를 시작하자마자 생각지도 못한 지출이 생겼는데, 이젠 먹는 데도 돈이 나갈 판이었다. 자취생들은 배달 음식을 주로 시켜 먹지만 나는 그럴 수 없었다. 돈을 아끼려면 결국 '집밥'을 해 먹는 게 최고의 방법이었다. 나는 동네에서 가장 저렴해

자취 후 추가된 소비 품목

구분	자취 전	자취 후
관리비	없음	관리비, 전기세, 수도세 등 고정비 발생
식료품비	집밥	직접 장 보고 요리/ 배달 음식, 외식
각종 소모품/기타	없음	모두 책임지고 구매

보이는 정육점에 가서 돼지고기 뒷다리살 4근을 1만 원에 사왔다. 그걸로 김치찌개도 끓이고 제육볶음도 만들어서 집밥을 챙겨 먹었다. 어떤 날은 마트에서 값싼 재료를 사 와서 밑반찬을 만들어놓고 평소에도 집밥을 먹으려고 했다.

대전에서 자취를 시작하면서 나는 생활비를 줄이기 위해 다양한 방법들을 시도했다. 그러면서 앱테크를 시작하게 되었고, 알뜰살뜰 포인트를 모으고 블로그 체험단 등에 도전하기 시작했다. 생각해보면 그때가 나의 진정한 짠테크의 시작이었던 셈이다. 자취생으로 혼자 살면서 나는 한 달 식비로 평균 5~10만 원 정도만 지출했고, 식비와 고정비를 포함해 한 달 지출을 25~35만 원 선에서 유지할 수 있었다.

대전으로 이직하면서 내 연봉은 2,500만 원 전후로 이전 직장에 비해 500만 원 이상 늘었다. 자취를 하면 늘어난 연봉의 절반은 생활비로 지출하게 되리라 생각했다. 하지만 나는 지출을 최대한 줄였고 적금 통장을 새로 개설했다. 매월 100만 원과 32만 원, 20만 원, 15만 원으로 나누어 총 167만 원을 저축하는 고정 적금이었다. 그리고 추가 소득이 생길 때마다 금액 제한을 정하지 않은 적금도 하나 더 추가로 개설했다.

타지에서 자취를 하면 버는 족족 생활비로 쓰는 바람에 돈을 모으기 힘들다고 한다. 물론 처음엔 나도 그랬다. 하지만 자취 생활이 차츰 익숙해지자 나는 다시 적금을 쇼핑하기 시작했고 늘어난 수입만큼 적금 액수도 늘어났다. 다시 저축왕의 삶이 시작된 것이다.

24살에 1억 원을
모으기까지

회사를 옮기고 대전으로 이사하면서 가장 아쉬웠던 점은 그간 해왔던 햄스터 쇼핑몰 부업이었다. 호프집 아르바이트도 더 이상 할 수 없었지만, 쇼핑몰 부업의 경우 이직한 회사와 동종 업계인지라 절대 더는 유지할 수 없었다.

새 직장으로 출근하던 첫날이 아직도 생각난다. 평소 관심 많은 업계였지만 과연 내가 어떤 일을 할 수 있을지 모든 것이 미지수였다. 회사에는 뭐든 다 해보겠다고 호기롭게 외쳤기에 더 떨렸다. 좋아하는 일을 하며 돈을 벌고 싶다는 마음 하나로 2020년 기준 최저시급으로 계산된 월급 180만 원을 받고 3개월은 수습 기간으로 지내기로 계약했지만 상관없었다.

그런데 한 달 후 말도 안 되는 일이 생겼다. 나는 수습 기간 한 달 만에 정직원이 되었고 월급도 10만 원이나 올랐다. 두 달 뒤에는 10만 원이 더 인상되었고, 내 월급은 200만 원이 되었다. 이후 8개월 뒤 추가로 20만 원이 인상되어 내 월급은 최종 220만 원이었다. 직장생활 4년 만에 드디어 그토록 간절히 바라던 최저시급 신세를 탈출하게 된 것이다.

새로운 회사에서는 여러 업무를 배울 수 있었다. 내가 이직한 회사는 반려동물 관련 온라인 쇼핑몰이었는데, 나는 고객이 주문하면 주문지를 보고 상품들을 담아 포장대로 옮기기도 했고, 상품 진열과 제품 포장 업무, CS 등의 업무를 담당했다. 여기에 회사 유튜브 계정을 맡아서 기획 및 영상 촬영, 편집, 유튜브 관리 등의 관련 업무를 해나갔다. 한 회사에서 다양한 일을 했지만, 나는 일이 많다고 생각하기보다 다양한 업무를 배울 수 있어서 성취감이 높아지는 것을 느꼈다. 직장생활을 하면서 생전 처음 느껴보는 감정이었다.

대부분의 사람들은 수입이 높아지면 씀씀이도 늘어난다. 전보다 높아진 월급에 나 역시 들떴지만 몇 번이고 마음을 다잡았다. 월급이 오른 만큼 그 돈은 전부 저금하기로 했다. 10만 원이 오르면 10만 원을 적금에 더 넣었다. 혹여라도 씀씀이가 커질까 매우 경계했다. 기분 내키는 대로 쓰기는 쉽지만, 이미

커져버린 씀씀이를 줄이기란 너무 어렵다는 것을 주위 사람들을 보며 충분히 알고 있었기 때문이다.

대전으로 이사한 후 1년 3개월 만인 2021년 12월, 나는 드디어 1억 모으기에 성공했다. 내 나이 24살, 1억 원을 모으겠다고 다짐한 지 4년 2개월 만의 일이었다. 처음엔 불가능한 목표처럼 보였다. 꿈이라도 크게 꾸자는 마음으로 시작했던 1억 원 모으기. 하지만 목표했던 5년이라는 기간을 무려 10개월이나 앞당겨 1억 모으기 프로젝트를 성공시켰다.

돈을 모으는 내내 1억 원을 모으면 너무 기뻐서 방방 뛰어다니며 행복할 거라고 상상했다. 통장에 찍힌 수많은 0을 보면 밥을 안 먹어도 배가 부를 것 같았다. 그러나 막상 마주한 현실은 달랐다. 목표를 달성한 후 한동안은 너무 벅차고 행복했지만, 얼마 지나지 않아 나는 끝도 없는 우울감에 빠져버렸다.

'왜지? 그토록 바라던 1억 원을 손에 넣었는데?'

내가 이런 부정적인 감정에 빠질 거라고는 전혀 예상하지 못했다. 그동안 1억 원이라는 목표만 보고 달려왔는데, 막상 목표를 이루고 나니 한순간에 인생의 모든 목표가 사라진 기분이었다. 분명 1억 원을 모으기 전에는 그 돈이 아주 크게 느껴졌다. 하지만 내 손에 1억 원이 들어오고, 그동안 돈에 대한 내 시야가 넓어지다 보니 생각이 바뀐 것이다.

'1억 원이 있으면 뭐 해? 그 돈으론 집도 못 사잖아.'

이런 생각을 하며 한동안은 허무의 늪에 빠져 지냈다. 그러다가 평소 친하게 지내던 지인에게 내 고민을 털어놓았다. 이야기를 다 듣고 난 지인은 명쾌하게 한마디를 던졌다.

"그럼 이제부터 2억 원 모으기 하면 되겠네!"

그동안 나를 괴롭히던 고민이 어이없을 정도로 쉽게 해결되는 순간이었다. 목표가 없으면 새로운 목표를 만들면 되는 것이었다. 지인을 만나고 돌아오던 그날, 나는 바로 다음 목표를 설정했다.

'다시 1억 원을 모으자. 지금부터 내 목표는 2억 원 만들기다!'

이후 마음이 한결 편해졌다. 이렇게 모으다 보면 머지않아 10억 원도 달성할 수 있을 것 같았다.

여기까지가 내가 고등학교를 졸업하고 24살까지 4년 2개월 만에 1억 원을 모은 이야기다. 사실 나는 투자 감각도 없고, 고액 연봉을 받는 대기업 직원도 아니다. 수천만 원을 버는 인플루언서도 아니며 특별히 똑똑하지도 않다. 단지 가난이 싫어서 악착같이 발버둥을 쳤던 고졸 학력의 20대 직장인일 뿐이다. 어쩌면 남들보다 더 낮은 연봉을 받는, 평범에 약간 미치지 못하는 사람이다. 하지만 이런 나조차도 절약을 하면서 1억 원이라는 시드머니를 모을 수 있었다.

1억 원을 모으고 2개월 정도 지난 2022년 2월, 나는 유튜브 채널 '부동산 읽어주는 남자'(부읽남)에 1억 원이라는 시드머니로 무엇을 할 수 있을지 고민 상담을 신청했다. 워낙 부동산 관련 유명 유튜버이고 많은 사람들이 고민 상담을 요청하는 채널이었는데 감사하게도 내 사연이 채택되어 소개되었다. 내 사연은 유튜브 스트리밍으로 알려졌고 신문 기사에도 나왔다.

며칠 지나지 않아 SBS 프로그램 〈생활의 달인〉에서 연락이 왔다. 20대에 최저시급으로 4년 만에 어떻게 1억 원을 모았는지 궁금하다며 인터뷰를 요청해왔다. 나는 처음에 가벼운 전화 인터뷰라 생각하고 수락했는데 알고 보니 방송 출연이었다. 그때까지만 해도 나는 유튜브 채널 '절약의 달인 자취린이'에 일상을 찍어서 올리는 게 전부였는데 방송 출연은 왠지 부담스러웠다. 그것도 어린 시절에 보았던 〈생활의 달인〉에 내 얼굴과 실명이 나간다니. 수락한 지 얼마 되지 않아 나는 다시 〈생활의 달인〉 팀에 연락해 거절했다. 하지만 작가님과 PD님이 계속 설득했고 결국 촬영을 수락하게 되었다.

방송 이후 내 이야기는 큰 반향을 불러일으켰다. 각종 일간지에 내 기사가 실렸고, 많은 사람들이 유튜브에 찾아와 응원의 메시지를 남겨주었다. 부동산에 관심 있다는 것을 알고 관련 정보를 알려주는 분들도 있었다. 덕분에 부동산 공부도 수월하게 할 수 있었고 결국 청약 신청도 할 수 있었다. 24살에 내가 청약에 당첨되어 '최연소 청약 당첨자'라는 타이틀을 따게 된 것도 다 주위 사람들의 도움 덕분이었다. 그로부터 2년이 지난 2024년 2월, 나는 다시 1억 원을 모았다. 처음 1억 원을 모을 때보다 속도가 더 빨라진 것이다.

나는 투자나 재테크 전문가는 아니지만, 다음 장부터는 주린이자 부린이였던 나처럼 경제 초보자들에게 도움이 될 만한 다양한 정보를 소개해보려고 한다. 이미 경제 공부를 해온 사람이라면 충분히 알고 있는 내용도 포함되어 있을 것이다. 다만 완전 초보였던 나의 경험담을 보면서 마음에 동기부여라는 작은 불씨가 살아난다면 그것만으로도 기쁠 것이다.

2장에서는 내가 왜 절약형 소비를 시작하게 되었는지, 절약 생활에 정착하기까지 여러 가지 시행착오를 소개하려고 한다. 재테크의 기본은 아끼고 모으고 불리는 것이다. 아직도 돈 공부를 시작하지 않았다면 일단 아끼는 것부터 실천하면서 절약의 달인이 된 내 이야기가 도움될 것이다.

2장.

나의 소비는
절약에서 시작된다

수입이 적다면
지출을 줄이는 수밖에

가끔 다른 사람들은 얼마나 벌고 어느 정도 소비하고 사는지 궁금할 때가 있다. 다른 사람들과 비교해 내 소득은 어느 정도 수준인지도 궁금하다. 하지만 연봉 공개를 꺼리는 게 현실인 만큼 궁금증을 해결할 방법이 없었다.

그러다 신한은행에서 발간한 '보통사람 금융생활 보고서'를 알게 되었다. 이 보고서는 최근 3년간 금융생활 변화를 객관화된 수치로 비교해 사람들의 다양한 금융생활과 핵심 트렌드를 분석하고 있다. 나는 이 보고서에서 세대별 월 평균 소득과 소비 수준에 관한 내용을 유심히 살펴보며 내 소득과 소비가 어느 구간인지를 확인해보았다.

보통사람 금융생활 보고서 (2024)

20대 미혼

소득 구간	가구 총소득	소득운용 현황			보유 자산	부채 잔액
1구간 하위 20%	107	소비/지출 부채상환 저축/투자 예비자금	69 15 28 -5	64.5% 14.0% 26.2% -4.7%	**총자산 6,414** 금융 995 부동산 3,452 기타 1,967	1,066
─ 210만원 ─						
2구간	206	소비/지출 부채상환 저축/투자 예비자금	107 13 52 34	51.9% 6.3% 25.2% 16.6%	**8,209** 금융 1,876 부동산 4,867 기타 1,466	1,278
─ 290만원 ─						
3구간	246	소비/지출 부채상환 저축/투자 예비자금	106 18 76 46	43.1% 73% 30.9% 18.7%	**1억3,691** 금융 2,909 부동산 8,644 기타 2,138	2,028
─ 330만원 ─						
4구간 (평균)	296	소비/지출 부채상환 저축/투자 예비자금	132 30 87 47	44.6% 10.1% 29.4% 15.9%	**1억6,938** 금융 3,625 부동산 10,859 기타 2,454	2,498
─ 450만원 ─						
5구간 상위 20%	548	소비/지출 부채상환 저축/투자 예비자금	237 33 142 136	43.2% 6.0% 25.9% 24.9%	**3억3,752** 금융 6,906 부동산 23,175 기타 3,671	3,297

소득 구간	식비	교통비	공과금	통신비	주거비	여가 취미	패션 잡화	모임 회비	용돈 지급	교육비	의료비
1구간 하위 20%	22 86%	6 79%	8 48%	6 74%	28 30%	14 58%	9 47%	7 10%	12 12%	17 16%	7 42%
2구간	31 85%	10 82%	11 57%	7 81%	30 43%	19 58%	14 52%	6 26%	19 21%	9 10%	11 48%
3구간	33 85%	9 86%	11 59%	6 88%	29 40%	17 62%	13 49%	7 30%	13 21%	19 8%	9 42%
4구간	38 87%	13 86%	13 68%	8 86%	33 44%	26 64%	13 46%	10 31%	17 24%	11 10%	14 45%
5구간 상위 20%	59 89%	23 82%	23 67%	16 84%	44 38%	28 65%	30 50%	18 35%	25 30%	27 19%	20 54%

출처: 2024 보통사람 금융생활 보고서

3040대 미혼

(단위: 만 원)

소득 구간	가구 총소득	소득운용 현황			보유 자산	부채 잔액
1구간 하위 20%	163	소비/지출 부채상환 저축/투자 예비자금	94 28 38 3	57.7% 17.2% 23.3% 1.8%	**총자산 1억2,530** 금융 2,854 부동산 8,197 기타 1,497	2,249
─ 210만원 ─						
2구간	251	소비/지출 부채상환 저축/투자 예비자금	122 24 67 38	48.6% 9.6% 26.7% 15.1%	**1억6,126** 금융 4,416 부동산 9,657 기타 2,035	2,229
─ 290만원 ─						
3구간	302	소비/지출 부채상환 저축/투자 예비자금	150 33 75 44	49.7% 10.9% 24.8% 14.6%	**2억4,164** 금융 5,330 부동산 16,012 기타 2,822	3,339
─ 330만원 ─						
4구간 평균	376	소비/지출 부채상환 저축/투자 예비자금	172 43 91 70	45.7% 11.4% 24.2% 18.7%	**3억6,517** 금융 7,589 부동산 26,125 기타 2,803	5,112
─ 450만원 ─						
5구간 상위 20%	733	소비/지출 부채상환 저축/투자 예비자금	285 49 144 255	38.9% 6.7% 19.6% 34.8%	**5억6,716** 금융 13,218 부동산 38,535 기타 4,963	4,932

소득 구간	식비	교통비	공과금	통신비	주거비	여가 취미	패션 잡화	모임 회비	용돈 지급	교육비	의료비
1구간 하위 20%	27 91%	11 79%	13 73%	7 91%	34 36%	12 41%	9 38%	10 22%	17 15%	14 6%	11 51%
2구간	36 91%	13 91%	14 76%	9 93%	27 37%	18 60%	14 44%	10 35%	21 26%	16 7%	13 50%
3구간	40 89%	16 85%	17 80%	9 95%	33 38%	22 59%	14 48%	10 35%	23 31%	7 8%	17 51%
4구간	45 92%	16 89%	18 81%	9 95%	36 38%	26 62%	16 52%	11 37%	24 39%	13 10%	15 56%
5구간 상위 20%	73 89%	25 87%	29 83%	16 93%	59 25%	41 67%	29 53%	21 37%	44 44%	35 11%	35 60%

출처: 2024 보통사람 금융생활 보고서

보고서에 따르면 20대 미혼의 월 소득 평균은 4구간으로 296만 원이며, 3040 미혼의 월 소득 평균도 4구간으로 376만 원이다. 24살 때 처음 이 자료를 보고 연령별 월 소득 평균이 내 예상보다 높아서 깜짝 놀랐다.

나는 19살부터 24살까지 5년 동안 꾸준히 회사를 다니며 근로소득자로 살아왔지만, 안타깝게도 아직 2구간에 머무르고 있었다. 첫 직장에 다녔던 2년 7개월 동안 최저시급을 벗어나지 못해 1구간에 정체돼 있었던 것이 크게 작용했다. 같은 세대에서 소득 평균이 되려면 지금 월급에서 100% 가까이 인상되어야 하는데 아무리 생각해도 쉽지 않았다. 순간 잠깐 풀이 죽었고 많이 실망했다. 하지만 당장에 소득을 높이는 건 어렵다고 판단한 나는 곧바로 4구간의 저축액에 주목했다.

'소득이 평균 이하라고 해서 저축까지 평균 이하일 필요는 없잖아? 소득은 낮아도 나보다 더 버는 사람들만큼 저축하면 어차피 모이는 돈은 같아.'

그래서 나는 '덜 쓰기'에 더 집중하기로 했다.

나는 저축도 습관이라고 생각한다. '적은 월급에서 어렵게 모아봤자 그게 얼마 된다고…' 하면서 대책 없이 쓰다 보면 100만 원도 모으기 어렵다. 월급이 적다고 저축을 못 하는 게 아니다. 사고 싶은 것도 있고 쪼들려 살기 싫으니까 안 하는 것뿐이다. 그러면서 월급이 오르면 그때 넉넉하게 저금하면 된다고 스스로를 위안하는 것이다.

일단 쓰고 보는 생활을 하다 보면 소비가 버릇이 되고, 결국 멈추고 싶어도 멈출 수 없게 된다. 연봉이 올라도 오른 만큼 소비가 늘어나서 주머니 사정은 바뀌지 않는다. 그걸 잘 아는 나는 직장인이 된 후에도 소비가 늘어나지 않도록 스스로에게 용돈을 주고 그 범위 안에서 소비하는 습관을 유지하려고 노력했다. 그 결과 초반에는 관리비, 교통비, 식비 등의 고정비를 포함해 월 평균 30만 원 정도를 지출하다가 최근에는 물가 등이 반영되면서 45~60만 원 정도 지출하고 있다. 내 생활비에 대해 들으면 사람들은 항상 이런 질문을 한다.

"그래도 20대에 사고 싶은 것도 많고, 여행 가고 싶은 곳도 있지 않아요?"

그런 질문을 받을 때면 나는 잠깐 고민한 후 "없어요."라고 답한다. 그럴 때마다 믿을 수 없다는 사람들의 반응이 나는 더 재미있다. 사실은 나도 사고 싶은 물건이 있고 여행 가고 싶은 곳도 있다. 하지만 모든 사람이 원하는 것을 다 하면서 살 수는 없지 않은가. 대부분의 사람들이 그중에서 고르고 골라 정말 원하는 것만 하면서 살아가고 있다.

나도 마찬가지다. 나는 사회 초년생 시절 엄마에게 귀금속 세트를 선물해주었고, 햄스터를 키우면서 케이지 같은 용품들을 샀다. 그게 내가 정말 하고 싶은 것들이었고 그 경험들로 충분하다고 생각한다. 이미 절제하는 삶에 익숙해진 나는 꼭 필요하지 않으면 갖고 싶다는 생각이 들지 않는다. 무엇보다 나는 이미 돈을 쓰는 것보다 돈 모으는 재미에 더 빠져 있었다. 그래서 소비할 때 3가지 측면에서 한 번 더 생각한다.

첫째, 나에게 정말 필요한 물건인가? 출퇴근용 가방을 사고 싶다는 생각이 든 적이 있었다. 하지만 집에 편하게 들고 다닐 만한 가방이 있었고, 일주일 정도 구입을 보류하고 그 가방을 들고 다녔다. 그랬더니 바쁜 출퇴근길에 가방 따위는 중요하지 않게 되었다. 결국 출퇴근 가방은 나에게 정말 필요한 물건이 아니라는 결론에 다다랐다.

둘째, 대체 가능한 물건이 없는가? 하루 한 끼 정도는 샐러드를 먹을 생각으로 일주일 분량의 샐러드를 담아둘 전용 용기를 검색해본 적이 있었다. 하지만 마음에 드는 용기를 발견하지 못했다. 가격도 터무니없이 비쌌고, 무엇보다 새로운 용기를 들이면 안 그래도 비좁은 주방이 더 답답해 보일 것 같았다. 찬장을 뒤져보니 다회용 플라스틱 용기가 보였고 지금까지도 잘 활용하고 있다. 이후 대체할 수 있는 물건이 이미 있는

데 새 물건부터 찾아보려는 습관을 고쳐나가기 시작했다.

셋째, 오래 사용할 수 있는가? 첫 번째와 두 번째 과정을 거쳐 물건을 구매하기로 결정했다면 오래 사용할 수 있는지 꼭 따져본다. 솔직히 예전에는 주로 가격이 저렴한 물건을 골랐는데, 막상 사용해보면 싼 게 비지떡인 경우가 많았다. 저렴하다는 이유로 구입했다가 망가지면 같은 용도의 물건을 다시 사야 하는 중복 소비로 이어졌고, 그 결과 오히려 처음보다 돈을 더 쓰는 경우가 생겼다.

대표적인 물건이 프라이팬이다. 처음 자취 생활을 시작할 때 구매한 1만 원짜리 저렴한 코팅 프라이팬은 얼마 쓰지도 않았는데 여기저기 다 벗겨지고 눌어붙어서 버려야 했다. 이후 그보다 약간 더 비싼 프라이팬을 사용해봤지만 결과는 비슷했다. 결국 나는 과거의 선택을 후회하며 처음 프라이팬을 구입할 때부터 고민했던 스테인리스 프라이팬을 샀고, 지금까지 오래도록 잘 사용하고 있다.

이처럼 돈을 쓰기 전에 3가지 측면에서 고민하다 보니 소비는 줄어들었고 저축액은 불어났다. 나의 소득 평균은 2구간이지만 저축액은 4구간이나 다름없다. 저축액만 보면 300~400만 원은 버는 사람이라고 생각할 정도가 된 것이다.

수입이 적은데 저축액을 늘리고 싶다면 방법은 2가지뿐이다. 수입을 늘리거나 지출을 줄이거나. 나는 2가지 방법을 모두 해봤지만 그나마 내가 더 잘할 수 있는 방법은 후자였다. 그래서 지출 줄이는 것을 꾸준히 실천하고 있다. 그렇다고 무작정 아끼는 것만이 능사는 아니다. 소비를 해야 할 때 자신만의 기준을 정하고, 그 기준에 따라 후회하지 않을 물건을 구매해 오랫동안 사용하는 게 더 중요하다. 그게 지출을 줄이는 가장 좋은 방법이다.

CHECK 소비하기 전에 꼭 체크해야 할 3가지

☐ 나에게 정말 필요한 물건인가?
☐ 대체 가능한 물건이 없는가?
☐ 오래 사용할 수 있는가?

신용카드 할부는
그만

'이제 진짜 돈도 덜 쓰고 절약해야지!' 하는 결심이 섰다면 축하한다는 말과 함께 신용카드를 쓰는지, 카드 할부 서비스를 이용하는지를 묻고 싶다. 할부는 한번에 지출하기 부담스러운 금액을 월마다 나눠 내는 분납을 통해 결제 부담을 줄여주는 편리한 방식이다. 하지만 사소한 지출도 습관성 할부를 하게 되면 점점 감당하기 어려운 지출로 쌓이게 되고, 결국 숨만 쉬어도 나가는 지출로 인해 정확한 소비 계획을 세우기 어렵게 만든다. 그런 이유로 소비 절제가 잘되고 있는 나 역시 체크카드만 사용하고 있다. 내가 신용카드를 쓰지 않는 4가지 이유가 있다.

첫째, 후불 결제 시스템은 지출 파악이 어렵기 때문이다.

둘째, 신용카드는 빚지는 기분이 들기 때문이다.

셋째, 전월 실적을 채우기 힘든 소비를 하고 있기 때문이다.

넷째, 소비 증가로 이어질 것을 경계하기 위해서다.

만약 당신이 소비를 완벽하게 통제하고 있어서 매달 정해둔 예산을 철저히 지킨다면 상관없다. 하지만 5만 원, 10만 원의 소액도 할부로 결제하고, 월급이 모두 신용카드 할부 대금으로 사라지는 상황이라면 할부 인생부터 청산해야 한다. 할부가 있으면 아무리 절약하고 저축액을 늘리고 싶어도 매달 나가는 할부 금액이 발목을 잡는다. 당장 사용할 돈이 부족해 또다시 카드 할부를 긁는 일만 반복될 뿐이다.

신용카드는 돈이 없어 소비를 망설이는 당신에게 "다음 달의 네가 갚으면 되잖아."라며 꼬드겨 빚을 지게 만드는 아주 고약한 녀석이다. 체크카드보다 더 많은 포인트를 주고 할인 혜택도 제공하면서 사람들을 유혹하지만, 소비 통제가 힘든 사람에게는 독 묻은 사과와 같다. 그러니 일단은 멀리하는 게 좋다. 할부의 덫에서 벗어나지 못하는 할부 요정들을 위해 할부를 하지 않는 나만의 3가지 방법을 소개한다.

첫째, 나는 신용카드를 쓰지 않고 체크카드만 사용한다.

체크카드는 신용카드와는 달리 결제 즉시 통장에 있는 돈이 빠져나가고, 잔액이 부족한 경우는 결제가 되지 않는다. 내 경우 생활비 통장을 따로 만들어 월급 통장과 분리해서 관리하고 있다. 생활비 통장에는 매달 쓸 금액을 넣어두고 한 달 동안 통장 잔액 내에서만 사용한다.

식구가 많거나 지출 카테고리별 소비가 큰 사람이라면 용도에 맞게 계좌와 체크카드를 4~5개로 나눠서 관리하면 된다. 나는 혼자 사는 자취생이고, 첫 시작부터 통장을 너무 쪼개서 관리하면 복잡해서 금방 포기할 것 같아 ①월급 통장 ②저축 통장 ③생활비 통장 ④비상금 통장으로만 구분했다. 그리고 체크카드는 생활비 통장과 연계해 지출 전용으로 1개만 사용한다.

나처럼 통장 쪼개기를 하고 싶다면 생활비 통장에 일정 금액을 넣어두고, 나머지 돈은 미련 없이 저축 통장에 넣는 것을 추천한다. 다만 생활비를 정할 때는 의욕만 앞서서 무리하게 되면 실패할 확률이 높기 때문에 현실적인 금액을 책정해야 한다. 예를 들어 한 달 평균 교통비를 10만 원 쓰는 사람이 무조건 절약하겠다면서 교통비를 5만 원으로 정하면 한 달 만에 포기하게 될 것이다.

관리비 할인을 받는 카드가 있거나 대출 등과 연동되어 있어서 체크카드로 변경하기 힘든 상황이라면 카드 앱에서 선결제하는 방법도 좋다. 앱에 들어가서 직접 선결제를 신청해야 하지만, 결제 대금이 바로 빠져나가기 때문에 체크카드를 사용하는 것과 같은 효과가 있다. 물론 이 방법에도 주의해야 할 점은 있다. 의식해서 소비하지 않거나 깜빡하고 선결제를 하지 않으면 결국 카드 할부 인생으로 돌아가게 되기 때문이다. 스스로와의 약속을 잘 지킬 수 있다면 활용해봐도 좋은 방법이다.

둘째, 할부를 하지 않기 위해 나는 가계부를 작성한다.

돈 관리의 첫 시작이 가계부 작성이라고 생각할 정도로 지혜로운 소비를 위해 가계부 작성은 필수다. 신용카드를 없애고 체크카드만 쓴다고 끝이 아니다. 자신의 지출 흐름을 모르면 할부는 없지만 신용카드를 쓰는 것과 별 차이가 없다. 그런데 가계부를 쓰면 돈의 흐름이 보이고 돈이 새는 곳도 찾을 수 있다. 새는 곳을 막으면 그만큼 씀씀이가 줄고 저축액을 늘릴 수 있다.

다시 말해 가계부를 쓰면 내 수입과 지출을 한눈에 파악할 수 있다. 대부분 수입은 정해져 있기 때문에 지출을 줄여야 자산을 통제하고 관리할 수 있음을 알게 된다. 그러면 다음 달의 나에게 빚을 떠넘겨 자산 관리가 힘들어지는 것이 싫어서라도 할부에 대해 고민하게 된다.

만약 할부가 많이 쌓여 있다면 할부 청산 플랜부터 짜야 한다. 월급과 고정비 그리고 최소한의 생활비를 계산한 뒤 할부를 청산하기 위해 매달 납부 가능한 금액을 계산하는 것이다. 물론 할부를 갚는 동안은 쪼들리며 살아야 할 수도 있다. 하지만 그렇게 해서라도 이번 달 할부 금액을 갚기 위해 다음 달 월급에 의존하는 삶에서 하루빨리 졸업해야 한다. 할부를 청산해야 앞으로 돈 모을 계획을 세울 수 있기 때문이다.

셋째, 고가의 물건을 사야 한다면 푼돈을 모아 목돈으로 만든 다음 구입한다.

살다 보면 뜻하지 않게 목돈을 들여 물건을 사야 할 일이 생기곤 한다. 가전제품을 구매하는 게 대표적이다. 한번 사놓으면 오랫동안 쓰지만, 고장이라도 나서 새 제품을 구매하려면 한두 푼 드는 게 아니다. 꼭 가전제품만이 아니다. 이제는 고가의 제품이 된 휴대폰도 그렇다. 잔고장이 많아지고 부품을 교체해봐도 얼마 사용하지 못할 때가 있다. 가전제품이나 휴대폰은 한번에 큰돈이 필요하기 때문에 교체해야 할 때가 다가

오면 매달 조금씩 비상금을 모아두면 할부를 피할 수 있다.

무이자 할부도 잘만 이용하면 현명한 소비를 할 수 있다고 말하는 사람들이 있다. 하지만 신용카드는 대부분 익월 결제이기 때문에 지금은 돈이 없는 내가 빚을 져서 물건을 구매하는 개념이다. 돈이 없다면 돈을 안 쓰는 것이 소비 습관의 기본이 되어야 한다. 내가 가진 돈의 범위 내에서만 쓰는 것이 돈을 모으는 가장 쉽고 심플한 방법이다.

식비를 줄이는
현실적인 노하우

고물가 시대가 되면서 가계부를 보면 식비가 높은 비중을 차지한다는 사람들이 많다. 실제 2030 미혼가정은 식비가 가장 큰 비중을 차지하고 소비액 증가 속도도 높다. 그러니 하나같이 특별히 잘 먹은 것 같지도 않은데 한 달 식비를 보고 깜짝 놀랐다는 이야기가 나온다.

간단히 한 끼를 때우는데도 1만 원이나 지출해야 하니 식비가 많이 드는 게 당연하다. '다 먹고살자고 하는 일인데…' 하면서 스스로를 위로해보지만, 한편으론 식비를 줄이면 저축액을 늘릴 수도 있을 텐데 하는 생각이 든다. 그러다 보니 짠테크를 하는 분들 중에는 냉파(냉장고 파먹기), 도시락 싸서 다니기,

월 소비액 대비 항목별 소비액 비중

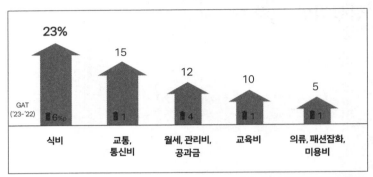

출처: 2024 보통사람 금융생활 보고서

외식 안 하기 등 식비 줄이기를 실천하는 이들이 많다.

자취를 시작하면서 나에게도 식비는 큰 고민거리였다. 엄마와 같이 살 때는 내가 의지만 있다면 지출을 최소화할 수 있었지만, 대전으로 이직하고 혼자 살게 되면서 식비는 줄이기 힘든 고정비처럼 느껴졌다. 회사에서는 식비로 10만 원이 책정되어 지급됐지만 그 돈으로는 회사에 출근하는 20여 일의 점심을 해결할 수 없었다. 무엇보다 식비로 나오는 10만 원도 나는 저축하고 싶었다.

집밥 해 먹기

식비를 줄이기 위해 며칠 동안 궁리한 나는 몇 가지 대안을 생각해냈다. 가장 먼저 생각해낸 방법은 집밥을 해 먹는 것이었다.

하루는 간단하게 장을 보려고 집 근처 마트에 들렀다. 배도 고프고 해서 반찬 코너에서 몇 개 골라서 밥을 먹어야겠다고 생각했는데 콩나물무침이 3,000원이나 하는 게 아닌가. 물론 3,000원이라는 가격에는 재료비와 인건비 등이 모두 포함되어 있다. 하지만 1,000원짜리 콩나물 한 봉지를 사서 내가 요리하면 몇 끼는 먹을 수 있을 텐데, 하는 생각이 들었다. 그 즉시 내 머릿속 계산기가 돌아갔고 내가 해서 먹어보자 싶었다.

나는 요리에 대해 아무것도 알지 못하는 요알못이었지만 그래도 크게 걱정되지는 않았다. 인터넷에 검색하면 만들고 싶은 요리에 대한 방법이 상세히 나오기 때문이다. 자취하면서 본격적으로 집밥을 해 먹기로 한 후 유튜브를 보면서 처음으로 된장찌개를 끓여보았다. 생각보다 괜찮았다. 식비를 줄였다는 뿌듯함 때문인지 더 맛있었다. 이후 요리하는 횟수가 늘어나면서 지금은 저렴한 제철 재료를 사서 다양한 반찬과 국을 만들 만큼 실력이 좋아졌다.

저렴한 한 끼를 위한 나만의 노하우도 생겼다. 우선 장을 볼 때는 콩나물, 어묵, 두부, 양파, 양배추, 버섯 등 비교적 저렴한 재료를 사서 무치고 볶고 지지면서 다양한 반찬을 만들었다. 저렴하고 신선한 재료를 사기 위해 가끔 재래시장도 갔는데 야채는 마트보다 확실히 싸고 양도 많았다. 고기는 동네의 저렴한 정육점에서 1근에 2,500원 정도 가격대의 돼지고기 뒷다리나 닭다리를 사서 제육볶음이나 닭갈비, 닭고기 스테이크 같은 근사한 요리로 만들기도 했다. 요리하고 남은 자투리 재료들을 조합해 새로운 요리로 만드는 재미도 알게 되었다.

요리를 하다 보니 외식 메뉴도 집에서 만들 수 있었다. 좋아하는 피자를 먹고 싶을 때는 토르티야와 피자치즈, 베이컨, 베이컨 소스 등으로 직접 만들어 먹었다. 한 판에 2~3만 원 정도 하는 피자 대신 그 재료비로 직접 만들면 10판은 구울 수 있었다. 심지어 남은 재료는 퀘사디아나 파스타 같은 음식을 만들 때도 쓸 수 있어 일석이조였다.

물론 장점만 있는 것은 아니다. 혼자 살다 보니 카레나 국은 한번 요리하면 며칠은 그 음식만 먹어야 할 때가 있었다. 아무리 맛있는 음식도 매일 먹으면 질리게 마련이라 이 문제를 해결하기 위해 나름의 원칙을 만들었다. 조리할 때 두세 번 먹을 만큼 소량으로 만들고, 그래도 남는 음식은 한 끼 분량으로 소분해 냉동했다.

같은 음식이지만 새로운 음식과 콜라보해서 다른 메뉴처럼 만들어보기도 했다. 예를 들어 햄버그스테이크를 했으면 남은 반죽으로 완자나 동그랑땡을 해서 먹는 식이다. 집밥을 해 먹는 이런 과정은 내가 운영하는 유튜브 채널 '절약의 달인 자취린이'를 시작하는 계기가 되기도 했다.

식재료 알뜰하게 활용하기

식비를 아끼기 위해 내가 선택한 또 다른 방법은 식재료를 버리지 않고 모두 활용하는 것이었다. 처음엔 장을 보는 기준이 가격이었다. 무조건 양 많고 저렴한 것을 구입했다. 하지만 싸다고 많이 구입해도 전부 먹기보다는 상하거나 시들어서 버리는 일이 잦아졌다. 처음엔 상한 재료를 버리면서 '어차피 싸게 샀으니 괜찮아.'라고 생각했지만 그게 아니었다. 내가 힘들게 번 돈을 음식물쓰레기로 만들어서 내 손으로 버리는 꼴이었다.

이후 그램 수 대비 가격이 저렴한 재료에 집착하지 않기로 했다. 장을 볼 때는 1~2주 이내에 먹을 수 있을 만큼만, 신선

식품은 귀찮더라도 필요할 때마다 약간만 구입했다. 그리고 쉽게 상하는 재료는 잘 손질해서 냉동실에 보관했다. 예를 들어 애호박이나 버섯 같은 경우 쉽게 상하는 편인데, 하루이틀 지나면 잘 다듬어서 소분한 다음 냉동해두고 찌개를 끓일 때 사용했다. 그러다 보니 버리는 식재료가 거의 없었다.

음식 먹을 때의 습관도 바뀌었다. 음식이 상하지 않도록 먹을 만큼만 덜어서 먹기 시작한 것이다. 그랬더니 잔반도 거의 나오지 않았고, 상할까 봐 반찬을 먹어치우기에 급급했던 내 식습관도 많이 변했다. 필요한 만큼만 덜어 먹으면서 신선한 음식을 먹게 됨은 물론 식비도 아낄 수 있었다.

냉장고 지도 활용하기

식비 절약을 위해 내가 꼭 실천하는 또 다른 방법이 있다면 '냉장고 지도'를 쓰는 일이다. 냉장고에 다양한 재료들이 쌓이다 보면 모두 기억하기가 쉽지 않다. 좁은 자취방 냉장고에도 기억에서 잊히고 버려지는 음식이 있다. 그래서 어떻게 해야 잊지 않고 냉장고 속 식재료를 잘 활용할 수 있을까 고민하다가 찾아낸 것이 '냉장고 지도'였다.

냉장고, 냉동고, 실온에 보관한 음식의 종류와 개수 등을 함께 적어두는 것인데, 이렇게 해두면 식재료 상태를 한눈에 확인할 수 있고 어떤 재료가 있는지도 바로 파악할 수 있다. 고백하자면 사실 나는 냉장고 지도를 알게 된 뒤에도 바로 활용하지는 않았다. 식재료를 일일이 정리하고 사용한 재료를 지우는 일련의 과정이 너무 귀찮게 느껴졌기 때문이다.

냉장고 지도를 본격적으로 활용하게 된 데는 계기가 있었다. 마트에 갔다가 참치 통조림이 세일하고 있어서 구입했는데, 집에 돌아와서 정리하려고 보니 찬장 구석에 같은 통조림이 있었다. 며칠 뒤에는 냉장고에서 유통기한이 한참이나 지난 소스를 발견하기도 했다. 더는 피하면 안 되겠다 싶어서 그때부터 냉장고 지도를 작성하기로 결심했다.

냉장고 지도를 구입하려고 인터넷을 검색해보니 자취방 냉장고에 붙이기엔 지도가 너무 컸다. 게다가 2~3만 원이나 하는 냉장고 지도를 굳이 사야 할까 하는 생각이 들었다. 그래서 자취방 냉장고 크기에 맞는 냉장고 지도를 직접 만들어보기로 했다.

먼저 A4용지를 꺼내 냉장과 냉동, 실온, 소스 그리고 사야할 것으로 칸을 나누었다. 썼다 지웠다 할 수 있도록 투명 클리어 파일에 종이를 넣고 냉장고 앞에 붙여준 뒤 잘 지워지는 펜으로 쓰기만 하면 완성이다.

그런 다음 구석구석 처박아둔 재료들을 모두 꺼내 하나씩 정리해나갔다. 매번 먹을 게 없다고 생각했는데 생각보다 집에는 식재료가 많이 있었다. 유통기한이 얼마 남지 않아 빨리 먹어야 하는 것들도 있었다. 그렇게 냉장고 지도를 작성한 날부터 나는 한동안 식재료를 구입하지 않았다. 냉파를 하면서 냉장고에 있던 재료를 소진하면서 하나씩 지워나갔다. 일주일 정도 지나자 그제야 냉장고에 보관되어 있던 재료들을 거의 사용할 수 있었다.

이후에는 냉장고 지도를 쓰기가 편해졌다. 필요한 식재료가 있으면 미리 냉장고 지도에 적어두었다가 장 볼 때 구입했다. 수기로 냉장고 지도를 쓰면서 느낀 가장 큰 장점은 직관성이었다. 불필요하게 냉장고를 여닫으며 전기세를 지출하지 않고도 냉장고 앞에만 가면 어떤 식재료가 있는지 살펴보기 쉽고, 종이 한 장만 보고도 오늘 해 먹을 음식 레시피가 뚝딱 그려졌기 때문이다. (참고로 내가 만든 냉장고 지도 양식은 네이버 카페 '짠순짠돌 정보 공유'에 올려두었으니 활용해보기 바란다.)

수기로 정리하기 어려운 상황이라면 냉장고 정리 관련 앱을 활용해도 좋다. 비슷한 기능의 앱들이 많지만 나는 그중에서 '유통기한 언제지'라는 앱을 추천한다. 그동안 여러 앱을 비교

자취린이표 냉장고 지도

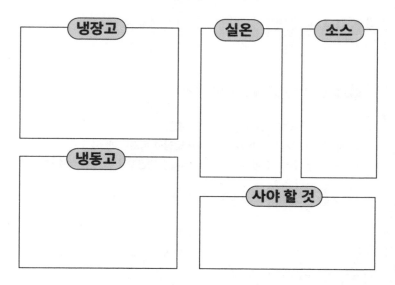

하며 느낀 장점들이 모두 포함되어 있는 앱이다.

이 앱은 냉장고와 냉동고, 실온 공간을 나눠 관리할 수 있다. 일일이 적어서 관리하기 힘들었던 유통기한도 쉽게 파악할 수 있다. 유통기한이 임박한 식재료 순으로 확인 가능해 남은 유통기한이 어느 정도인지 알 수 있고, 유통기한이 임박한 식재료는 알림 기능으로 알려주어 기한 전에 식재료를 사용하게 된다. 무엇보다 자주 사용하는 식재료가 무엇인지 확인할 수 있어 계획적인 장보기를 할 수 있다. 물론 '유통기한 언제지'

외에도 환경부에서 만든 '우리집 냉장고'와 '인더프리지' 같은 앱도 있으니 자기에게 맞는 앱을 사용하면 된다.

Tip **상황에 따른 냉장고 지도 활용**

□ **1-2인 가구: 자취린이 냉장고 지도 활용**
□ **식재료가 많은 3인 가구 이상: 시판 냉장고 지도 구매**
□ **어플 사용 희망: 유통기한 언제지, 우리집 냉장고, 인더프리지 추천**

사 먹는 게 더 싸다고?

흔히 혼자 살면 밖에서 사 먹는 게 더 낫다고들 말한다. 요리를 하겠다고 직접 장을 보고 각종 양념을 구비하는 게 더 수고롭고, 안 먹고 버리는 음식이 더 많다는 이유에서다. 일주일에 한 번 정도 집에서 밥을 해 먹는 사람이라면 그럴 수 있다. 하지만 식비를 줄여서 저축을 늘리고 싶은 사람에게는 집밥을 추천한다. 건강도 챙기고 식비를 확실히 줄일 수 있다. 귀찮고 부담스럽다면 한 달만이라도 습관적인 외식이나 배달을 줄이고 집밥 해 먹기를 실천해보자.

보통 배달을 하게 되면 2만 원 정도의 지출이 생긴다. 이 돈으로 장을 본다면 적어도 1~2일가량의 식비가 해결된다. 식비가 얼마나 줄어드는지 눈으로 직접 확인한다면 안 할 이유가 없을 것이다. 집밥 생활을 한다면 지금 사용하는 식비의 2분의 1 이상은 줄어들 것이다.

회사 잔반을 싸 온 이유

예전 내 유튜브 영상과 기사, 방송 등을 보면 회사에서 점심때 나온 잔반을 싸 와 저녁을 해결하는 모습이 있다. 당시 다니던 회사는 식비 10만 원 대신 출장 뷔페 형식으로 점심을 제공했다. 회사 인원수에 맞게 음식을 차려주면 직원들이 알아서 밥과 반찬을 가져다 먹는 시스템이었는데 항상 음식이 남았다.

그 잔반을 보며 '아깝다.'라는 생각을 했는데 하루는 출장 뷔페 사장님께서 남은 음식은 필요하신 분이 가져가도 좋다고 하셨다. 사장님 이야기를 듣고 나는 다음 날부터 반찬 용기를 챙겨와 잔반을 가져왔다. 자취생에게 나물 반찬은 구경하기 힘든데 정말 좋은 기회였다.

처음에 내가 잔반을 싸가는 모습을 본 다른 동료들은 '굳이?'라고 생각하는 듯하더니 얼마 지나지 않아 하나둘 잔반을 챙겨가기 시작했다. 사실 회사 잔반을 챙겨가는 게 일반적인 모습은 아니다. 하지만 자취를 하거나 돈을 아끼고 싶은 사람 중에는 내 덕분에 용기 내어 잔반을 챙겨올 수 있었고, 덕분에 식비를 많이 줄였다는 이야기를 아직도 듣는다. 회사 잔반이 아니더라도 각자 주어진 환경에서 식비를 아낄 수 있는 자신만의 방법을 찾아보길 바란다.

진짜 입을 옷이
없나요?

나는 어릴 때부터 심한 고도 비만이었다. 해마다 10kg 넘게 살이 찌다가 최고 몸무게 134kg을 찍은 적도 있었다. 그러다 보니 예쁜 옷을 사고 꾸미는 것과는 거리가 멀었다. 그저 몸에 맞는 옷을 찾아 입기 바빴다. 예쁘게 꾸미고 다니는 친구들이 부러웠고 친구들처럼 예쁜 옷을 마음대로 못 입는 게 서럽기도 했다. 그러다가 고등학교 2학년 때 다이어트를 해서 50킬로그램 정도를 감량했다. 사람 하나가 빠져나간 셈이었는데 당시 그간의 서러움을 풀기라도 하듯 마음에 드는 옷을 질러댔다.

그 시기를 지나 지금은 많이 달라졌다. 최근 5년 동안 내 돈으로 산 옷은 5벌도 채 되지 않는다. 갖고 있는 옷은 옷장 하나에 모두 들어갈 정도로 적은 양이다. 패션 액세서리도 신발 6켤레와 가방 3개가 전부인데, 이것만으로도 불편함 없이 잘 지내왔다. 3개월에 33개의 패션 아이템만으로 살아간다는 전 세계적인 미니멀 패션 챌린지 '프로젝트 333'을 자연스럽게 실천하고 있었던 셈이다.

요즘은 더 이상 예쁜 옷을 마음대로 못 사는 게 서럽거나 부럽지 않다. 오히려 지금의 내 생활에 매우 만족하고 있다. 옷이 많아서 얻는 이점보다 미니멀리스트로서의 장점이 훨씬 더 많다는 것을 알게 되었기 때문이다.

먼저 바쁜 아침 시간에 옷을 고르면서 시간을 허비하지 않게 되었다. 갖고 있던 옷들 중에서 절반을 정리했지만 입을 옷이 없다고 고민한 적이 없다. 선택지가 줄었기 때문에 정신적인 에너지 소모도 줄었다. 덕분에 갖고 있는 옷 중에서 잘 어울릴 만한 것들을 조합하는 데 1분도 걸리지 않는다.

갖고 있는 옷이 줄어들면서 불필요한 공간 낭비도 줄었다. 한겨울에 입는 롱패딩처럼 부피를 많이 차지하는 옷을 포함해 내가 가진 옷을 모두 정리해도 자취방 옷장 하나면 충분하다. 즉 옷을 보관하는 데 0.2평 옷장 하나만 있으면 되는 것이다. 좁은 자취방에서 1평이 아쉬운 자취생에게 공간 확보는 중요한 문제다. 그만큼 옷의 개수를 줄여서 얻는 이득은 무척 크다.

꾸밈비 지출이 없다 보니 돈을 절약하게 되는 것은 당연하다. 예뻐서, 싸서, 입을 옷이 없다며 구입한 옷들은 막상 갖고 있는 옷과 어울리지 않아서 제대로 활용하지 못하는 경우가 많았다. 내가 옷을 절반 이상 정리한 것도 그런 이유 때문이었다. 나도 저렴한 반팔 티셔츠를 여러 장 사거나 특별한 날 입겠다고 원피스를 산 적이 있다. 하지만 질이 좋지 않았던 반팔 티셔츠는 몇 번 입지도 않았는데 목이 늘어나서 하나둘씩 버려야 했고, 원피스는 평소에는 입기 힘든 디자인이라 옷장 속에 처박힌 신세였다. 어떻게든 원피스를 입어보려고 어울릴 만한 셔츠를 사려 했지만 실패했다. 결국 이 모든 것이 돈 낭비임을 깨달은 후로는 옷을 살 때 기존 옷과 매치되는지를 고민하게 되었다.

그렇다면 이제 생각해봐야 한다. 정말 입을 옷이 없는 걸까? 새 옷과 과거의 옷이 뒤엉킨 옷장은 혼돈 그 자체다. 거기서는 설령 입을 만한 옷이 있더라도 제대로 보이지 않는다. 아마 대부분 옷장 속에 2년 이상 입지 않은 옷들이 꽤 많을 것이다. 우선 비워보자. 그래야 내게 정말 어울리는 것이 어떤 것인지, 절대 사지 말아야 할 스타일은 어떤 것인지 보인다.

나는 옷을 정리할 때 A, B, C로 분류한다. A는 정말 자주 입는 옷이다. B는 1~2년에 한 번 입는 옷이다. C는 2년 이상 한

나만의 옷 분류법

번도 입지 않거나 상태가 좋지 않은 옷이다. 이렇게 나눈 뒤 C
는 바로 정리하고, B 중에서 꼭 필요한 옷만 남긴다. 이렇게 분
류해보면 A는 몇 가지 없고 B와 C가 수두룩할 수도 있다. 그래
도 한번 정리해두면 내가 가진 옷이 한눈에 들어와서 더 잘 활
용하게 된다. 뒤죽박죽 너무 많은 옷들로 어떤 걸 입어야 할지
막막하다면 A, B, C로 분류해 옷 정리를 해보자. 시간은 물론
공간과 돈도 절약된다.

한때 내 소원은 형형색색 화장품과 반짝이는 장신구가 가
득한 화장대를 갖는 것이었다. 그러다 보니 화장대는 없었지
만 액세서리를 가끔 구입하곤 했다. 어느 날 청소를 하다가 보
석함을 열어봤는데 생각보다 액세서리가 많았다. 길에서 예쁘
다고 산 큐빅 목걸이, 친구와 함께 산 값싼 커플링 등등 족히
10개는 넘어 보였다. 문제는 그중에서 쓸 만한 건 하나도 없었

다는 것이다.

액세서리를 살 때는 분명 이유가 있었지만 시간이 지나서 보니 정말 아무짝에도 쓸모가 없었다. 차라리 여기에 쓴 돈을 모두 모아 심플한 디자인의 18K 반지를 샀다면 평소에 잘 매치하면서 사용했을 것이다. 이후 나는 충동으로 액세서리를 사지는 않는다.

화장품도 마찬가지다. 가끔 서랍을 정리하다 보면 유통기한이 지났거나 유행이 지나서 거의 안 쓰는 화장품들이 있다. 특히 언제 받았는지 기억도 가물가물한 샘플 화장품들이 무더기로 나온다. 하루는 날짜가 지난 화장품들을 정리하는데 몇 번 쓰지도 않은 선크림을 발견했다. 그날따라 유독 버려야 할 자잘한 화장품들도 많았는데, 순간 이걸 모두 내 돈으로 샀다는 생각에 허탈했다. 이후 화장품도 꼭 필요한 것만 구입하게 되었다.

그 결과 지금 나에게 남은 것은 손바닥만 한 파우치에 들어갈 정도의 화장품들과 녹슬지 않은 써지컬스틸 반지 2개, 엄마가 선물해준 18K 목걸이, 패브릭 팔찌와 2만 원짜리 시계뿐이다. 그래도 나는 이걸로 충분하다. 비워낸 이후 나는 더 풍요로워졌다고 감히 말할 수 있다.

Tip 옷 처분하기

☐ **상태가 좋은 옷**

굿윌스토어와 아름다운 가게에 기부, 기부금은 연말정산 가능

☐ **상태가 좋지 못하고 대량 수거가 필요한 옷**

지역별 헌옷 수거업체 활용, 킬로그램으로 소액 현금화 가능

예쁜 쓰레기는
이제 그만

나는 예쁜 것에 집착하는 편이다. 어린 시절부터 작고 귀여운 지우개나 스티커 같은 자잘한 소품들을 모으곤 했다. 어른이 되어서도 마찬가지였다. 자취를 하기 전까지만 해도 비슷한 디자인의 에코백을 여러 개 산다거나, 하나면 충분한 무드등을 2~3개 산 적도 있다. 예뻐서 충동구매로 산 휴대폰 케이스들은 포장도 뜯지 않은 채 처박혀 있곤 했다.

필요 없는 물건에 의미 부여를 하면서 버리지 못하는 습관도 있다. 그러다 보니 안 그래도 좁은 집은 발 디딜 틈 없을 정도였다. 정리는 고사하고 어디에 어떤 물건이 있는지 몰라서 같은 물건을 또 사는 일도 있었다. 우리 집은 그야말로 예쁜 쓰레기들에게 점령되고 말았다.

변화의 계기가 된 것은 20살 때 유튜버이자 여행작가인 박건우 님의 '미니멀 유목민'이라는 채널을 구독하게 되면서부터다. 배낭 하나에 자신이 가진 모든 것을 넣을 수 있는 사람. 가진 물건이 많지 않아도 행복하게 살아가는 그분의 모습은 예쁜 쓰레기들과 한 몸이 되어가던 내 삶을 돌아보게 했다. 그날 바로 집 안의 모든 물건들을 정리하기 시작했다.

당시의 집 상태는 정말 끔찍했다. 사진으로 남기지 않은 것이 아쉬울 정도다. 엄마랑 사는 24평 집은 60평쯤은 되어야 감당할 수 있을 정도의 엄청난 물건들이 뒤죽박죽으로 뒤섞여 있었다. 서랍 하나 정리하는 데도 2시간이나 걸릴 정도였다. 그렇게 꼬박 한 달을 정리한 후에야 비로소 내가 원하는 집의 형태를 갖출 수 있었다.

정리를 통해 나에게 꼭 필요한 물건만 남긴 후 내 삶도 크게 변했다. 우선 자리만 차지하던 예쁜 쓰레기들이 사라지니 물건들은 각자의 쓰임새를 되찾게 되었고 더 알차게 사용할 수 있었다. 집이 깔끔하게 정리되니 정서적 안정과 마음의 평화를 갖게 된 것은 물론이다. 덕분에 스트레스 해소를 위해 물건을 구매하는 일도 없어졌다. 물론 가끔 충동적으로 사고 싶은 물건이 생기기는 했다. 그럴 때마다 물건을 사기 전에 다음

4가지 조건을 다시 떠올렸다.

① 충동구매는 아닌가?
② 대체 가능한 물건이 없는가?
③ 일회성이 아닌 꾸준히 오래 사용할 수 있는가?
④ 비슷한 용도의 다른 제품과 비교했을 때 적절한 가격인가?

  4가지 조건을 모두 통과해도 바로 구매하지 않았다. 일주일 정도 장바구니에 담아두거나 메모만 해두고 그 물건 없이 살아보면서 다시 고민했다.

  물건 하나 들이는 데 너무 애쓰는 게 아니냐고 반문할 수도 있다. 하지만 이렇게까지 해야 불필요한 소비를 줄이고 기회비용도 따져볼 수 있다. 기회비용이란 어떤 선택으로 인해 선택하지 않은 대안들 중 가장 큰 가치를 갖는 것을 말한다. 우리에게 주어진 시간과 돈, 능력이나 공간 등의 자원에는 한계가 있다. 하나를 선택하면 포기해야 하는 것이 생기는데, 이때 생기는 기회비용을 줄이는 것이 현명한 경제활동이다.

  내가 입식 책상을 구매했던 과정을 예로 들어보고 싶다. 자취 이후 책상이 필요한 상황이었다. 그래서 나의 소비 원칙에 따라 오래도록 고민했다. 책상은 충동구매도 아니었고 집에 대체 가능한 물건도 없었다. 또 한번 사면 꾸준히 오래 사용할 수 있는 물건이었다. 그렇게 책상을 구매하기로 결정한 뒤 다시 좌식 책상을 살 것인지 입식 책상을 살 것인지를 고민했다.

좌식 책상이 가격적인 면에서 더 합리적이었지만 좌식 책상을 사용하기엔 오랜 시간 앉아 있을 경우 허리에 무리가 가서 고민이 되었다. 실제 첫 자취방에서 좌식 책상을 사용했을 때 겪은 단점이었다. 결국 고민 끝에 입식 책상으로 결정했다.

당근마켓을 통해 상태가 좋은 책상은 1만3,000원에 구매했고, 의자는 무료 나눔으로 받았다. 오랜 고민 끝에 우리 집에 입성한 입식 책상은 대만족이었다. 명확한 작업 공간이 생긴 기분이었다. 책상에서 나는 책을 읽고 글을 쓰기도 하고, 유튜브를 편집하는 공간으로도 활용하고 있다.

살면서 소비를 안 할 수는 없다. 하지만 생각 없이 지갑을 여는 일은 이제 지양해야 한다. 뻔한 소리라고 말할 수도 있겠지만, 결제 버튼을 누르기 전에 잠깐 숨을 고르고 한 번만 더 고민해보자. 앞에서 내가 제시한 4가지 기준처럼 자신만의 소비 원칙을 세워보라. 나의 기준을 참고해도 좋다. 그런 다음 사고 싶은 물건을 장바구니에 담아두고 자신만의 원칙에 따라 꼼꼼히 따져보자. 그러면 정말이지 불필요한 소비를 줄일 수 있다.

찾아보자,
대체품

내가 가장 확실하게 지출하지 않는 첫 번째 방법으로 꼽는 것
은 '대체 가능한 물건 활용하기'다. 대전에서 자취를 시작하면
서 최대한 돈을 안 쓰기 위해 고군분투하면서 버려질 뻔한 물
건들의 새로운 용도를 찾게 되었다. 일회용 테이크아웃 컵을
화분으로 활용하거나 다 먹은 된장 용기를 세척해 다른 용기
로 사용하고, 빵을 묶었던 끈을 모아두었다가 각종 전선을 정
리할 때 활용하는 식이다. 내가 사용한 물건을 재활용하고 리
폼하면서 대체품으로 활용하는 재미에 빠진 것이다. 그중에서
가장 유용했던 3가지를 공유해본다.

유리병 활용하기

집밥을 해 먹다 보니 좁은 부엌이지만 이런저런 통이 제법 필요했다. 수돗물을 음용하기 전 생수 대신 물을 끓여 먹었는데, 본가에서 가져온 귀리나 구기자, 작두콩 등을 보관할 통도 필요했다. 반찬을 하려면 고춧가루, 설탕, 소금처럼 통에 넣어서 보관해야 하는 조미료도 제법 많았다.

모양이나 컬러에 맞춰 밀폐용기를 갖추고 싶은 마음도 있었다. 그런데 살림 고수들의 주방을 살펴보니 일부러 깔맞춤 용기를 사용하기보다 기존에 사용하던 다양한 용기를 재활용하는데 그 모습이 훨씬 더 세련돼 보였다.

나는 그런 솜씨까지 발휘할 수는 없지만 용기들을 재활용해볼 수 있겠다는 생각이 들었다. 무엇보다 저렴하게 1,000원에서 3,000원 정도 하는 용기들을 구입해봤자 또 다른 저렴하고 새로운 용기를 보면 욕심날 게 뻔했다. 그래서 처음으로 세척해둔 스파게티 소스 병을 사용해보았다. 잘 씻어서 물기까지 말린 유리병에 고춧가루를 담아보니 내가 전에 구입한 1,000원짜리 용기보다 더 근사해졌다.

이후 나는 유리병이 생기면 깨끗하게 씻어서 열탕 소독까지 한 뒤 활용하기 시작했다. 직접 말린 육수용 파뿌리, 다시마,

끓인 물 용도의 곡물, 각종 조미료 등을 차곡차곡 유리병에 보관했다. 그렇게 내가 사용하던 유리병을 재활용하면서 찬장을 하나씩 채워나갔다. 그리고 유리병을 꺼내기 쉽게 회사에서 가져온 1L 페트병을 가로로 길게 잘라 정리함으로 만들었더니 살림 고수들의 세련된 찬장처럼 보였다. 내가 재활용한 유리병은 각기 크기가 다른 용량이라 내용물의 양에 따라 바꿔가며 사용할 수 있어서 더 유용하다.

지퍼백의 재활용

직접 집안 살림을 해보니 많은 쓰레기가 나왔지만 그중에서도 비닐류가 압도적으로 많았다. 제로웨이스트에 관심을 갖고 쓰레기를 줄이는 방법을 고민하게 되면서 다양한 방법을 찾기 시작했다.

그러던 중 재활용 관련 영상을 보게 되었다. 그 영상은 한번 사용한 비닐이나 지퍼백 등 비닐류를 재활용하는 방법을 알려주는 내용이었다. 영상에서 주인공은 식품을 포장했던 지퍼백을 세척해서 생닭을 담아 오고, 손질하고 남은 식재료를 비닐에 보관하기도 했다. 시리얼이 담겨 있던 은박 지퍼백에 운동

화와 뜨거운 물, 세제를 넣어 때를 불린 다음 손쉽게 운동화를 세탁하기도 했다.

그 영상을 본 다음 집에 있는 비닐류를 다시 살펴보았다. 한 번 사용한 지퍼백은 생각보다 튼튼했고, 냉기를 유지하기 위해 은색 코팅이 되어 있는 것도 있었다. 구멍 하나 없이 멀쩡한데 한두 번 사용했다고 지퍼백을 그냥 버리자니 아까웠다. 그 후로 튼튼한 지퍼백이 생기면 깨끗하게 세척해 말려두었다가 애매하게 남은 음식, 오래 보관해야 할 식재료 등을 보관할 때 사용한다. 그리고 자잘해서 정리하기가 쉽지 않은 메모지나 스티커, usb 등을 지퍼백에 넣어 보관하기도 한다. 그렇게 6년 동안 나는 새로운 지퍼백을 구입하지 않고도 살림을 거뜬히 잘해내고 있다.

마스크 끈의 재탄생

코로나로 한창 마스크를 많이 사용하던 때가 있었다. 코로나는 지났지만 미세먼지나 독감이 유행할 때는 또다시 마스크를 사용하는 경우가 많았다. 코로나 시기에는 버려지는 마스크로 환경오염이 더 심각해지고 있다는 기사를 자주 접했다. 당시 일회용 마스크를 사용하고 나면 그나마 마스크 끈을 잘라서 버리는 게 지구를 위해 내가 할 수 있는 최소한의 예의였다.

그러던 어느 날, 컴퓨터와 텔레비전을 올려둔 선반을 청소하는데 정리 안 된 전선들이 너무 지저분해 보였다. 케이블타이가 필요하겠다는 생각이 들었다. 나중에 한두 개를 장만해야 하나 생각하고선 지금 당장엔 고무줄로라도 정리해야겠다 싶었다. 그런데 고무줄도 눈에 보이지 않았다. 그때 내 눈에 들어온 것이 다 쓴 마스크였다.

대체품 활용하는 게 주특기인 나는 고무줄 대신 마스크 끈을 사용하기로 했다. 다 쓴 마스크에서 끈만 잘라내 케이블타이 대신 전선을 정리하는 데 활용했다. 마스크 끈은 내가 생각한 것 이상으로 질기고 튼튼해서 웬만한 힘으로도 끊어지지 않았고, 전선 정리도 깔끔하게 마무리되었다. 처음에는 임시방편으로 생각했는데 마스크 끈은 생각보다 활용도가 좋았다.

이후부터 나는 마스크를 버릴 때 끈을 잘라서 따로 모아두고 있다. 전선 정리용으로는 이미 충분하고, 머리 끈으로 가장 많이 사용하고 있다. 마스크 끈의 양쪽 끝을 풀리지 않게 단단히 묶으면 탄력 있는 머리 끈 대체제가 된다. 노란 고무줄의 경우 머리를 묶으면 줄 사이에 머리가 엉켜 불편한데, 마스크 끈은 깔끔하게 머리 묶기가 가능하다. 머리 끈은 몇 개씩 사두어도 자주 잃어버려서 매번 새로 구입하는 물건이었는데, 마스크 끈을 사용하면서부터는 더 이상 사지 않는 품목이 되었다.

마스크 끈은 머리 끈 외에 옷장 서랍을 정리할 때도 유용하다. 원피스나 치마같이 후들후들한 재질의 옷은 깔끔하게 개기도 힘들고, 모양을 유지하기도 힘들어서 서랍에 넣어도 금세 흐트러진다. 내 경우 옷장이 하나뿐이라 한 뼘의 공간도 아쉬운 처지인데, 이런 재질의 옷을 탄탄하게 고정해서 옷장 속 여유 공간을 확보하고 싶었다. 그러던 중 옷을 돌돌 말아서 고무줄 등으로 고정하면 모양도 흐트러지지 않고 공간 활용에도 좋을 것 같았다. 그래서 생각해낸 것이 마스크 끈이었는데, 예상대로 마스크 끈은 옷장에서도 최고의 대체품 역할을 해내고 있다.

이외에도 나는 청소할 때 양말을 재활용한다. 버리는 양말이 생기면 모아두었다가 청소할 때 손에 끼워서 유리창 창틀을 닦을 때 사용한다. 구멍 난 스타킹도 함부로 버리지 않는다. 얼마 남지 않은 마요네즈나 케첩 통 등을 스타킹에 넣고 돌리면 원심력에 의해 내용물이 뚜껑 쪽으로 모여 소스를 깔끔히 사용할 수 있기 때문이다. 머리카락도 집에서 직접 손질하고 있다. 내가 말하기 전까지 알아채는 사람도 거의 없다. 찾아보면 지출을 줄이는 방법은 의외로 참 많다.

나혼산에 대한
로망

누구나 혼자 사는 것에 대한 로망이 있다. 자유롭게 살고 싶어서 혹은 학교나 직장이 멀어서 등 다양한 이유로 '나 혼자 산다'를 꿈꾼다. 혼자 살면 내가 원하는 대로 공간을 꾸미고, 친구들을 초대해 작은 파티도 열면 얼마나 행복할까 상상한다. 나 역시 그런 꿈이 있었다.

한번은 아는 언니 집에 놀러 갔는데 내가 꿈에 그리던 자취방이었다. 언니네 집은 풀옵션 신축 빌라였는데 드라마 여주인공 집처럼 깔끔했다. 벽지와 문, 창틀 등은 모두 흰색이라 공간이 더 넓어 보였다. 하얀색 철제 선반 위에 놓인 예쁜 전자레인지와 그 주위에 다양한 종류의 소스와 파스타면, 그리고 파스타 전용 냄비도 보였다. 주방 수납장에는 예쁜 조리 도구와 다양한 소스 통, 귀여운 프라이팬이 가지런히 놓여 있었고, 모던한 식탁은 깔끔한 집과도 너무 잘 어울렸다. 텔레비전이 있는 수납장 위에 정리된 각종 소품까지 완벽했다.

　나혼산에 대한 로망을 갖고 있던 내가 직장 때문에 평생 살던 경기도 시흥을 떠나 아무 연고도 없는 대전에서 자취 생활을 시작하게 되었다. 첫 자취 생활이라 기대감에 설렜다. 나만의 공간을 꾸밀 생각에 집을 구하기도 전에 이미 마음은 둥둥 들떠 있었다. 하지만 집을 알아보기 시작한 그날부터 나는 기대감과 설렘을 바로 버렸다. 가격에 맞는 전셋집을 구할 수 있을지, 월세라면 매월 얼마나 지출해야 할지, 혹시 보증금 사기라도 당하면 어쩌나 싶어 걱정이 앞섰다.

　우선 가장 저렴한 전셋집과 최소한의 월세로 생활할 만한 집을 알아보았다. 2명의 부동산 중개인과 15곳 넘는 방을 보고 다녔다. 이상한 향냄새가 나고 우리 할머니 집보다 더 오래돼 보이는 작은 월세방이 보증금 100만 원에 월세 25만 원이었다. 비교적 신축인 원룸은 보증금 500만 원에 월세 35만 원이었고, 엘리베이터 없는 5층 원룸은 보증금 500만 원에 월세 30만 원, 구조가 이상한 전셋집은 보증금만 3,000만 원이었다. 최대한 저렴한 곳을 알아보려니 추천받은 곳들이 죄다 이 모양이었다.

결국 고민한 끝에 월세는 돈이 너무 아까울 것 같아서 보증금 2,500만 원에 8평 원룸을 계약하게 되었다. 오래된 건물에 엘리베이터도 없었다. 다행히 저렴한 전세가에 세탁기, 에어컨, 장롱 등 기본 옵션이 포함되어 있었고, 가구 비용을 줄일 수 있는 것이 이점이었다. 전세 계약 후 확정일자를 받고 전입신고를 하고, 드디어 나의 작은 자취방에 입주하게 되었다. 그런데 신경 쓸 일이 너무 많았다. 전기와 가스도 직접 신청해야 했고 집이 너무 더러워서 청소도 해야 했다. 생각보다 필요한 물건도 엄청 많았다.

한 사람이 살아가는 데 어떤 물품이 필요한지 생각해본 적 있는가? 가구나 가전제품과 같은 덩치가 큰 물품은 바로 떠오를 것이다. 그렇다면 손톱깎이나 냄비받침은 어떤가? 자취를 시작하고 나서야 나는 이런 소소한 물건들까지 전부 내가 사야 한다는 사실을 깨달았다. 작은 전셋방에서 나 혼자 시작하는 살림살이인데 필요한 것들은 너무나 많았다. 자취는 아주 작은 가정집을 꾸리는 일이어서 각종 주방도구, 밥솥, 전자레인지, 책상, 휴지, 각종 욕실용품, 간장과 고추장 같은 양념들까지 모든 것들을 다 갖춰야만 했다. 자취를 시작한 첫 달 나는 100만 원 가까운 돈을 지출했다.

필요한 물품을 다 갖췄으니 이제 행복한 자취 생활을 만끽할 일만 남았다고 생각하면 오산이다. 자취란 생존에 필요한 모든 것을 스스로 해나가는 과정이다. 청소와 빨래, 식사 준비는 물론 전기세와 수도세, 가스비, 관리비 같은 각종 공과금도 내 몫이었다. 내 경우 공과금과 관리비로 10만 원 가까이 지출해야 했는데, 월세였다면 고정비 부담이 더 컸을 것이다. 그래도 최대한 지출을 줄이기 위해 열심히 궁리했다. 우선 집을 구할 때 옵션이 가장 많은 곳을 선택해서 가구 구입 비용을 줄일 수 있었던 것은 신의 한 수였다. 그런데도 아직 필요한 물건들은 있었고, 꼭 필요한 것들은 중고물품 거래 사이트를 이용했다. 지금 사용하고 있는 철제선반과 밥솥, 전자레인지, 제습기, 광파오븐 등은 모두 중고로 저렴하게 구매한 것들이다.

사실 나도 집을 예쁘게 꾸미고 싶은 마음은 굴뚝같다. 내 자취방 로망의 표본처럼 보이던 언니네 집을 다녀온 날이 특히 그랬다. 처음이자 마지막으로 소비 충동을 느꼈던 날이다. 언니처럼 집을 꾸미고 싶은 마음에 귀여운 오븐과 파스타 냄비, 각종 장식장도 알아보았다. 급기야 구축 원룸이 아니라 빌트인 가구로 가득 찬 신축 원룸으로 이사 가고 싶다는 충동까지 느꼈다. 며칠 동안 방 구하는 사이트와 각종 소품 쇼핑몰을 기웃거렸다. 그러다가 퍼뜩 정신을 차렸다.

나는 돈이 없어서 집을 꾸미지 않는 게 아니었다. 그동안 열심히 일하고 절약한 덕분에 통장에는 꽤 많은 돈이 모여 있었다. 돈이 없어서 구축 원룸에서 사는 것도 아니었다. 돈을 더 모으기 위해 저렴한 전셋집을 선택했다는 사실이 떠올랐다. 그러자 날뛰던 소비 욕구가 한순간에 사그라들었다.

내 자취방의 전세 계약 기간은 2년이었다. 연장해도 최대한 4년 정도 살 수 있는 게 고작이었다. 4년 살다 갈 '남의 집'에 내 돈을 투자하고 싶진 않았다. 내가 돈을 들여 벽지를 바꾸고 더러워진 문고리를 교체하는 것은 결국 집주인에게만 좋은 일이다. 예쁜 가구를 사는 것도 마찬가지다. 자취의 특성상 보통 1년에서 4년 주기로 이사를 하게 된다. 그런데 가구가 많으면 이사 비용이 많이 들고, 이사 과정에서 가구에 흠집이 나거나 부서지는 일도 생길 수 있다. 차라리 그런 식으로 흩어지는 돈을 아껴서 내 명의로 된 집이 생길 때를 대비하는 것이 현명하다.

실제로 나는 최근에 2,500만 원 전셋집에서 4년간 살고 이사를 해야 했다. 그동안 모아둔 돈이 있어서 더 넓고 좋은 집으로 가고 싶었고 갈 수 있었지만 회사 근처에 예전과 비슷한 3,000만 원 전셋집을 구했다. 큰 집에서 살다 보면 작은 집에서 절대 못 산다고 하듯이 주거 환경도 눈이 높아지면 그 아래로 낮춰서 살기는 어렵기 때문이다.

특히 집 가격이 높아지는 순간 집에 묶이는 돈은 더 커지고 중개수수료도 높아진다. 공간이 바뀌면 새로운 물건과 가구를 들이고 싶어지는 게 당연한데, 집이 커지면 자연스레 짐도 많아진다. 그러면 이사 갈 때 이사 비용이 많아지는 것도 감수해야 한다는 뜻이다. 따라서 자취 생활을 한다면 ①소득 수준에 맞는 집 ②작은 평수나 옵션이 있는 집(추가 지출 방어) ③집주인만 좋은 인테리어 금지 ④회사 가까운 집(교통비, 시간 절약) 등을 추천한다.

돈을 모으고 싶다면 나혼산에 대한 로망은 잠시 접어두는 게 좋다. 혹 사정상 자취 생활을 하고 있다면 예쁘고 좋은 것들을 발견해도 눈에 담고 머릿속에만 넣어두자. 진짜 '내 집'이 생겼을 때 멋지게 인테리어를 하고 예쁜 가구를 사서 넣어도 충분하다. 그날을 위해 지금은 아껴야 할 때다.

짠순이도
연애할 수 있습니다

20대인 내가 절약 생활을 하는 짠순이로 살고 무지출을 즐긴다고 하면 나와 비슷한 또래들에게 가장 많이 받는 질문이 있다. 바로 '짠순이로 살면서 연애가 가능한가?' 하는 내용이다.

20대에게 진로나 취업 다음으로 중요한 것이 연애다. 20대에겐 연애가 1순위로 가장 중요하다고 말하는 친구들도 있다. 그만큼 20대는 물론 30대에게도 연애는 중요한 문제다. 문제는 연애와 돈 모으기는 함께할 수 없는 것 아니냐는 것이다. 연애를 하면 데이트를 하게 되고, 그러면 지출이 늘어나고 돈 모으기와는 거리가 멀어지기 때문이다.

나의 연애도 그런 면에서 실패한 적이 있다. 21살 때 교제하던 남자친구가 있었는데, 내가 짠순이고 절약하면서 돈을 모으고 있다는 이야기를 차마 하지 못했다. 당연히 내 상황을 모르는 남자친구와의 데이트는 다른 커플들과 비슷했다. 우리는 돌아가며 밥과 커피, 영화비를 결제했고 기념일이면 선물도 준비해야 했다. 데이트 한 번에 한 달 용돈을 모두 써야 할 때도 있었다.

그렇게 6개월이 지나자 문제가 생겼다. 남자친구와 만나서 데이트할 때는 너무 행복했지만, 집에 돌아와서는 허탈하기도 하고 다음번 만남이 부담스러워지기 시작했다. 짠순이로 사는 게 부끄러운 건 아닌데 솔직하지 못해서 끙끙 앓고 있는 내가 한심스러워 보이기까지 했다. 나의 소비 패턴을 말하지 못한 이유도 있었지만 여러 가지 다른 이유로 결국 그 연애는 얼마 안 돼 끝이 났다.

이후 나는 연애를 하게 되면 나를 온전히 이해해줄 수 있는 사람을 만나야겠다고 다짐했다. 연애를 시작하기 전에 내가 짠순이라는 사실을 솔직히 이야기하고, 있는 그대로의 내 모습을 받아줄 수 있는 사람을 만나고 싶었다. 그러다가 22살 때 지금의 남자친구를 만나게 되었다.

처음 남자친구와 영화를 보러 가던 날, 표를 사는 남자친구 옆에 서 있다가 준비해둔 할인쿠폰을 내밀었다. 남자친구는 놀라는 듯하더니 내가 준 할인쿠폰을 적용해 영화표를 구매했다. 영화를 보는 내내 남자친구가 나를 어떻게 생각할까 궁금했다. 그래서 영화를 보고 카페에 갔을 때 내 상황에 대해 솔직히 이야기했다.

"나는 절약하는 걸 좋아하는 짠순이야. 한 달 월급은 150만 원 정도인데 열심히 아끼고 모으는 중이야. 지금은 대략 6,000만 원 정도 모았어."

남자친구는 내가 할인쿠폰을 내밀었을 때보다 더 놀라는 듯하더니 이내 내 이야기를 경청해주었다. 그러면서 자기는 영화 할인을 받고 싶어도 방법을 몰랐는데 오히려 좋은 정보를 공유받은 것 같다며 대견하다고 칭찬해주었다. 나중에 알게 된 사실이지만 당시 남자친구는 할인쿠폰을 챙기면서 알뜰히 지출하는 내 모습에 오히려 호감도가 상승했다고 한다. 그리고 카페에서 현재 상황을 솔직히 이야기하는 내 모습을 보고 확신했다고 한다.

커플이 된 후 남자친구는 나의 짠순이 생활에 동참해주었다. 먼저 우리는 데이트 통장을 만들어 매달 각자 2만5,000원을 입금해서 5만 원을 만든 후 그 돈으로 데이트를 즐겼다. 사실 한 달 데이트 비용으로 5만 원이라고 하면 하루 데이트해도 모자라는 금액이 아니냐고 의아해하는 사람들이 많다. 하지만 우리는 한 달 데이트 비용으로 5만 원 이상은 쓰지 말자고 서로 합의했고, 지금까지도 잘 지키고 있다.

남자친구와 나는 돈이 안 드는 데이트를 주로 하는 편이다. 연애를 하다 보면 모든 연인들의 데이트 코스는 비슷하다. 영화 보고, 밥 먹고, 차 마시고, 가끔 산책하거나 여행하는 식이다. 우리도 여느 커플과 비슷하다. 다만 우리는 공짜 쿠폰으로 카페에서 차를 마시며 집에서 맛있는 것을 만들어 먹는다. 텀블러에 음료를 담아 공원으로 산책 가기도 하고, 체험단 활동으로 맛집을 방문하거나 나들이도 간다. 물론 다른 커플들처럼 기념일을 전부 챙기지는 못하지만, 함께 부동산 관련 영상을 보거나 임장 데이트를 다니며 짠순이, 짠돌이로서 정보를 공유하면서 잘 만나고 있다.

연애도 결혼도 결국은 나와 가치관이 비슷한 사람을 만나는 것이 오래도록 행복한 만남을 이어가는 전제조건이라고 생각한다. 다행히 나는 처음부터 비슷한 관심사를 가진 사람을 만난 것은 아니었지만, 지금의 남자친구는 내 가치관과 관심사에 공감해주고 함께해주고 있다. 주변 사람은 물론이지만 나와 가장 가까운 사이가 될 연인이나 결혼 상대자라면 같은 방향을 바라보고 같이 나아가는 사람이어야 한다. 그래야 자신을 잃지 않고 자기가 원하는 목표에 닿을 수 있다.

3장.

누구나 할 수 있는
짠테크 노하우

앱테크:
잘 모은 포인트가 현금으로

이번 장에서는 절약 생활을 해온 내가 직접 해본 짠테크들을 소개해보려고 한다. 경기 불황이 지속되면서 지출을 최소화하는 짠테크는 계속되고 있다. 지금부터 소개하는 짠테크는 내가 1억 원을 모으기까지 시도했고 지금도 활용하고 있는 방법들이다.

사실 인터넷에 찾아보면 다양한 짠테크 방법을 소개하는 자료들이 많다. 하지만 짠테크 방법만 보고는 어떻게 적용해야 할지 모르는 분들이 있어서 내 경험담을 솔직히 정리해본 것이다. "왜 저는 한 번도 짠테크 해볼 생각을 안 했을까요?"라는 어느 분의 말처럼 새로운 짠테크 방법만 찾기보다 일단 도전해보는 것이 우선이다. 먼저 내가 해본 짠테크 중에서 가장 유용했던 '앱테크'부터 소개해보겠다.

돈을 모으고 싶다면 어떤 지출도 하지 않아야 할까? 물론 지출을 줄이면 돈을 더 빨리 모을 수 있다. 하지만 그렇게 살다 보면 어느 순간 현타가 온다. 내가 무엇을 위해 이렇게 힘들게 살고 있나 하는 생각이 든다.

절약은 행복한 삶을 위한 수단이지 목표는 아니다. 1년 365일을 단돈 100원도 안 쓰고 모으기만 하는 것은 올바른 방법이 아니다. 그러면 돈 모으기를 오래 지속하기 힘들다. 만약 내가 돈을 아끼겠다고 매 끼니를 라면으로 때우거나 문화나 여가 생활까지 모두 철저하게 통제했다면 이렇게 오랫동안 절약하는 생활을 하지는 못했을 것이다.

내가 추구하는 절약은 무조건 안 먹고 안 쓰고 안 사는 게 아니다. 고3이던 19살 겨울부터 지금까지 내가 꾸준히 절약 생활을 이어갈 수 있었던 것은 지긋지긋한 현실에서 벗어나고 싶다는 의지도 있었지만 돈을 안 쓰거나 적게 쓰면서도 충분히 행복하게 살 수 있는 방법들을 발견했기 때문이다. 남들보다 아주 약간만 부지런히 알아보면 음식이나 생필품, 화장품 등은 무료로 받을 수 있다. 내 돈을 들이지 않고도 지금까지

누려왔던 것을 만끽할 수 있다는 뜻이다. 관심을 가지면 단돈 1,000원의 소액이라도 아낄 수 있는 방법은 많다.

현재 내가 운영하고 있는 유튜브 채널 '절약의 달인 자취린이'에서도 소개했지만 나는 많은 것들을 거의 공짜로 해결하고 있다. '공짜'라는 단어 때문에 궁상맞게 느껴질지도 모르겠다. 하지만 나는 남들 못지않게 다양한 음식들을 해서 잘 차려먹는다. 필요한 화장품을 사기도 하고 생필품도 마음껏 구매한다. 어떻게 이 모든 걸 공짜로 할 수 있었을까? 바로 앱테크를 이용하고 있어서 가능했다.

앱테크란 애플리케이션과 재테크의 합성어로, 애플리케이션에서 물건을 받거나 포인트를 받아 현금화를 할 수 재테크 방법이다. 컴퓨터나 스마트폰만 있으면 누구나 할 수 있는 신개념 재테크로, 애플리케이션마다 포인트를 모으는 방법은 다양하다. 매일 출석 체크만 해도 포인트를 주고, 하루 동안 얼마 걸었는지에 따라 포인트를 적립해주는 곳도 있다. 회원 가입만 해도 혜택을 주기도 하고, 가입 후 퀴즈를 풀면 기프티콘을 주는 플랫폼도 있다. 차곡차곡 모은 포인트는 다른 상품으로 교환하거나 현금화할 수도 있다.

나는 앱테크를 활용해 화장품을 무료로 받기도 하고, 적게는 3,000원부터 많게는 100만 원 이상의 포인트를 모아 식재료와 생필품을 구매하고 있다. 애플리케이션에 따라 이벤트에 참여하면 온라인 백화점 상품권을 주는 경우도 있는데, 그 상품권으로 옷을 사 입고 각종 기프티콘을 받아서 커피값도 아꼈다. 물론 이렇게 앱을 활용하게 되기까지 시간과 노력이 들었다. 하지만 소비를 하면서도 내 지갑에서 돈이 나가지 않으니 충분히 만족스러웠다.

내 이야기를 들은 누군가는 '지현 님은 인플루언서니까 가능하지 우리 같은 일반인은 얼마 받지도 못할걸.' 하고 생각할 수 있다. 또 앱테크는 노력에 비해 벌어들이는 수입이 너무 적거나 방법이 어려울 것 같다며 시도하기를 주저하는 사람도 있을 것이다.

나 역시 앱테크 하는 사람들을 보면서 '파워블로거이거나 인플루언서라서 하겠지.'라는 편견을 갖고 있었다. 하지만 회원 가입하면 스타벅스 기프티콘을 증정한다는 이벤트에 응모했는데 그 즉시 문자로 스타벅스 기프티콘이 온 것을 보고 나도 가능하다는 것을 깨달았다. 무엇보다 꾸준히 하다 보니 시간과 노력도 전에 비해 더 줄일 수 있었다.

무엇보다 앱테크를 시작한 초기 2년 동안은 나도 SNS나 유튜브를 운영하지 않았던 일반인이었다. 단지 나는 앱테크 추천 글을 보고 시도해보았고 매달 부수입을 창출해냈다. 결국 중요한 것은 정보를 찾아 실천하느냐, 실천하지 않느냐 하는 것이다.

앱테크 하는 사람들을 살펴보면 직장을 다니며 퇴근 후 틈틈이 하거나 아이를 키우면서 꾸준히 참여하는 사람들이 많다. 최근 내가 앱테크 정보 공유를 위해 운영하고 있는 '짠순짠돌 정보 공유 오픈채팅방'에서 활동 중인 분들에게 물어보니 앱테크로 벌어들인 한 달 수익은 꽤 많았다. (후기 참고)

자세히 들여다보면 앱테크를 하고 있는 이들 중에는 50만 원

앱테크 후기

	앱테크에 대한 후기	앱테크 장점
아랑 30대 앱테크 1개월 차	앱테크를 시작한 지 30일 만에 95만 원의 수익을 얻었습니다. 원래의 제 월급은 그대로인 상황에서 집을 장만하고 싶어서 예산을 짜는 데 어려움을 겪고 있었습니다. 그러다 유튜브에서 자취린이 님의 앱테크 절약 방법을 보면서 절약하면서도 본업 외에 추가 수입을 얻을 수 있다는 것을 알게 되었습니다. 막막하던 앞길이 조금씩 보이기 시작하더군요. 이벤트에 참여하고 관련 정보를 공부하면서 앱테크 부수입을 꾸준히 모아보려고 합니다.	1. 언제나 함께하는 스마트폰으로 가볍게 시작할 수 있다. 2. 이동하는 대중교통 내에서도 참여할 수 있다. 일하는 시간 외에 시간과 장소에 제약이 없다. 3. 하면 할수록 앱테크 수익이 무한대로 커진다.
지니버핏 30대 앱테크 5개월 차	앱테크 시작 한 달 만에 62만 원을 벌었습니다. 원래 절약보다 주식 투자에 관심이 많았고, 앱테크는 '푼돈' 버는 거라 생각했습니다. 그래서 자취린이 님이 앱테크를 권유해 시작하긴 했지만 초반엔 긴가민가했습니다. 그런데 60만 원이 넘는 앱테크 수익을 보니 1인 가구 생활비는 충분히 벌릴 것 같아서 꾸준히 참여하고 있고, 5개월이 지난 지금 매월 80만 원 정도의 앱테크 수익을 꾸준히 벌고 있습니다.	1. 초보자도 쉽게 참여 가능하다. 2. 생활에 필요한 생필품이 해결된다. 3. 본업 이외 수익 창출이 쉽다.

에서 많게는 200만 원 이상 절약하는 사람도 있다. 모두 나처럼 럼 생활비를 아껴볼 생각에 시작한 것이다. 나도 처음에는 지인 들에게 몇 가지 앱테크를 알려주며 권했는데, 꾸준히 하면서 상품이나 포인트를 받으니 이후엔 추천해주지 않아도 열심히 하고 있다.

내가 사용해본 돈이 되는 앱테크 애플리케이션을 몇 가지 소개하면 다음과 같다. 아래에 소개하는 애플리케이션 외에도 인터넷에서 '앱테크 순위'나 '앱테크 추천'으로 검색해보면 다양한 앱테크 애플리케이션이 나오니 참고하면 된다. (앱테크 특성상 이벤트 내용은 변경될 수 있다.)

 ·········· **체리포인트**

출석 체크, 광고 포인트, 룰렛 돌리기, 설문조사, 만보기 등 다양한 기능으로 포인트를 모을 수 있는 앱이다. 포인트로는 각종 기프티콘을 구매할 수 있는데 나는 이 앱으로 셀 수 없이 많은 기프티콘을 교환하고 있다.

특히 체리포인트만의 특장점이 있는데, 각종 사이트와 앱의 이벤트 소식을 신청 방법 이미지까지 상세히 제공해준다는 점이다. 이 기능 덕에 예전에는 인터넷에 수시로 검색하며 참여했던 수고로움이 완전히 사라졌다. 앱테크를 처음 하는 사람이나 하나의 앱만 사용해 다양한 앱테크를 하고 싶다면 적극추천한다. 추천인 코드를 통해 가입 시 500원의 포인트가 제공된다. (추천인 코드 B77387P)

·········· **프레딧**

다양한 유제품, 밀키트, 각종 식품을 판매하는 사이트로 '한국야쿠르트'에서 만든 쇼핑몰이다. 프레딧의 가장 큰 장점은 친구 통해 가입 시 1명당 3,000원(제한 없이)을 받을 수 있다는 것이다. 다양한 유제품을 판매해 유제품 소비가 많은 가구에 추천한다. 프레시 매니저가 집 앞까지 직접 배달해주는 시스템으로 3,000원 미만의 제품도 주문 가능하다. (추천인으로 받은 포인트도 즉시 사용 가능)

　나 역시 2년간 200만 원이 넘는 포인트를 받아 식비 대부분을 프레딧으로 아꼈다. 가끔 100원 딜 이벤트를 진행하기 때문에 저렴한 금액으로 식재료를 구매할 수도 있다. (추천인 코드 river772)

모니모

각종 이벤트에 참여하면 젤리를 받을 수 있는데 일반 젤리와 스페셜 젤리가 있다. 젤리는 현금화를 하거나 다양한 금융 상품에 투자 가능하다. 또한 계좌 통합관리, 신용관리, 환전 등의 기능을 제공한다. 초대 코드를 통해 가입 시 스페셜 젤리를 받을 수 있고 1개당 1,000원의 값어치를 한다. (추천인 코드 OOOGJCC)

캐시워크

걸으면 걸을수록 돈이 쌓이는 만보기형 애플리케이션으로 모두의챌린지, 캐시톡 등을 통해 추가로 포인트를 적립할 수 있다. 포인트는 각종 기프티콘으로 교환 가능한데 나는 주로 스타벅스 커피 쿠폰으로 교환해 활용한다.

········· # 캐시슬라이드, 캐시슬라이드 스텝업

캐시슬라이드는 앱 안에 있는 다양한 이벤트에 참여하면 포인트를 받을 수 있는 앱테크다. 그리고 캐시슬라이드 스텝업은 걸으면서 돈 버는 애플리케이션으로 2가지 앱을 중복해서 사용할 수 있다. 잠금화면에서 현재까지의 걸음 수만큼 포인트를 적립받을 수 있는데 이벤트와 퀴즈 풀기 등으로도 포인트를 획득할 수 있다.

이미 앱테크를 해본 사람도 있고 전혀 몰랐던 사람도 있을 것이다. 한번 사용해보면 알겠지만 앱테크 애플리케이션은 광고나 퀴즈를 풀어야 하는 등 약간의 수고로움이 필요하다. 번거롭고 귀찮아서 시도조차 안 하는 사람도 있지만, 그 와중에 앱테크로 짠테크를 실천하는 사람들도 많다. 내가 무지출 챌린지를 할 수 있었던 일등공신도 생각해보면 앱테크 덕분이었다. 짠테크에 관심 있다면 앱테크는 내가 가장 추천하는 방법이다.

영수증 재테크:
내가 쓴 영수증도 돈이 된다

돈을 쓰면 당연히 따라오는 것이 영수증이다. 혹시 계산이 잘
못되진 않았을까 살펴보기도 하지만 요즘은 전자 영수증을 받
거나 아예 안 받는 사람들도 많다. 그런데 알고 보면 이 영수증
도 돈이 된다.

　나는 한때 영수증 재테크로도 돈을 모았다. 적립 1건당 적게
는 10원에서 많게는 1,000원 정도의 소액이지만 간편한 재테
크 방법이었다. 영수증 재테크는 작은 금액이지만, 꾸준히 적
립하면 생각보다 쏠쏠히 돈을 모을 수 있는 생활 밀착형 재테
크다.

　처음으로 영수증 적립 플랫폼을 알게 된 것은 사용한 영수

증을 등록하고 후기를 작성하면 포인트를 준다는 이야기를 듣고서였다. 영수증 재테크가 어떤 건지 궁금해서 지갑 속에 꼬깃꼬깃 구겨지고 색이 바랜 영수증을 찾아 적립을 해보았다. 비록 다른 앱테크보다 금액이 적었지만 영수증을 한번 찍기만 하면 되는 거라 간단하고 쉬웠다. 그래서 포인트를 모아서 커피 한 잔만 마시자는 가벼운 마음으로 시작했다.

사실 나는 소비가 많지 않아 영수증도 거의 없는 편이다. 그러다가 엄마 집에 갔을 때 잔뜩 쌓여 있는 영수증을 보고는 가져와서 등록했다. 인터넷으로 구매한 경우엔 모바일 영수증을 찾아서 등록하기도 했다. 그렇게 몇 달을 모았더니 생각보다 적립금이 꽤 많이 모였고, 커피 한 잔을 마시고도 남는 금액이 쌓였다.

2022년 SBS 〈생활의 달인〉에 출연했을 때의 일이다. 영수증을 적립하는 내 모습을 본 당시 PD님들이 회사에 차고 넘치는 게 영수증이라며 적립하는 방법을 묻기에 알려준 적이 있다. 2개월 후 후속편 촬영을 위해 PD님을 다시 만났는데, 내가 알려준 대로 영수증 적립을 했다며 1만 원 이상 쌓인 포인트를 직접 보여주었다. 내가 쌓은 적립금도 아닌데 뿌듯했다.

영수증 적립은 휴대폰과 영수증만 있으면 누구나 쉽게 할 수 있는 절약 방법이다. 커피값 정도 모아보겠다는 가벼운 마음으로 시작하면 된다. 다양한 플랫폼이 있으니 취향껏 골라서 해도 된다. 돈을 쓰면 자연스럽게 따라오는 영수증. 이제 더는 버리지 말고 영수증으로 돈을 벌어보자.

·········· '네이버 마이 플레이스' 영수증 적립

첫 번째로 소개할 영수증 적립 플랫폼은 네이버에서 진행하고 있는 '네이버 마이 플레이스'이다. 네이버 계정에 가입만 하면 누구든지 간단한 방법으로 적립할 수 있다.

네이버에 로그인한 뒤 검색창에 '네이버 마이 플레이스'를 검색한 뒤 '리뷰 쓰기' 버튼을 클릭한다. 인증 방법을 선택한 후(영수증 사진 인증, 결제내역 인증) 간단한 리뷰를 작성하면 끝이다. 네이버 마이 플레이스가 개정된 이후 포인트를 받는 방식이 달라졌다. 지역 도장깨기(같은 지역 영수증 5개 인증 시 100포인트), 영수증 리뷰의 달인(1단계 50포인트, 2단계 200포인트, 3단계 500포인트), 동영상 리뷰 쓰기(200포인트) 등 매달 변경되는 다양한 미션을 클리어하면 그에 맞는 네이버 포인트를 받을 수 있다.

네이버 포인트는 네이버 쇼핑에서 물건을 구매할 때 사용하거나 네이버 페이와 연계된 배달 앱과 쇼핑몰 등에서 현금 대신 사용할 수 있다. 네이버 포인트의 경우 들인 노력에 비해 받는 포인트가 너무 작은 게 아닌가 하는 생각이 들 수 있다. 하지만 생각날 때마다 조금씩 모으다 보면 어느 순간 커피 한 잔 정도의 포인트가 쌓인다.

내가 운영하고 있는 네이버 카페 회원 중 한 분도 영수증 적립으로 모은 네이버 포인트로 떡볶이를 공짜로 먹는다고 후기를 남겼다. 네이버 페이의 경우 연계된 플랫폼이 많아서 거의 모든 곳에서 쇼핑을 할 수 있다는 점이 가장 큰 장점이다. 뿐만 아니라 영수증 날짜와 관계없이 오래된 영수증도 적립 가능하며, 따로 사진을 첨부하거나 리뷰를 길게 쓰지 않아도 된다. 또 영수증 사진만 찍어도 내역이 자동으로 입력되어 편리하다.

내 경우 1인가구인 데다 소비가 많지 않음에도 일상생활에서 차곡차곡 영수증을 적립해서 쏠쏠하게 사용하고 있다. 막상 해보면 생각보다 간단하게 돈이 쌓이는 경험을 할 수 있다.

▣▣ ·········· 병원 갈 때마다 적립하는 '모두닥'

두 번째로 추천할 영수증 적립 플랫폼은 병원 관련 영수증 적립 앱인 '모두닥'이다. 모두닥은 네이버 마이 플레이스와는 달리 병원 관련 영수증만 적립할 수 있는 플랫폼이다. 플레이스토어나 앱스토어에서 '모두닥'을 검색한 후 앱을 설치하고 회원 가입을 하면 된다.

진료 내역을 자동으로 연결하려면 홈택스와 연동해야 하는데, 카카오톡 지갑이나 통신사 인증을 통해 간편하게 할 수 있다. 이렇게 연동해두면 따로 영수증을 지참하지 않아도 병원 진료 기록을 자동으로 불러올 수 있다. (당해연도 방문 병원은 홈택스 연동이 되지 않아 영수증으로 인증 가능하다.) 이렇게 기록을 불러온 뒤 '리뷰 쓰기'를 클릭하고 몇 가지 질문에만 답변하면 손쉽게 포인트를 받을 수 있다.

2년 이내에 다녀온 병원에 대한 후기를 남길 수 있는데 1건당 최대 1,000포인트를 적립할 수 있다. 특히 첫 번째 리뷰를 등록하면 4,000포인트를 추가로 주기 때문에 리뷰 하나로 5,000포인트를 얻을 수 있다. 특히 사진 인증을 하면 300포인트를 추가로 적립할 수 있으니 진료를 볼 때 잊지 말고 병원 내부 사진이나 간판 등을 찍어두도록 하자.

이렇게 모은 포인트는 모두닥 플랫폼 안에서 각종 기프티콘으로 교환할 수 있다. 스타벅스, 베스킨라빈스, 파리바게뜨, 이마트, 네이버 페이 등 다양한데, 직접 사용할 수도 있지만 중고 판매 플랫폼에 저렴하게 판매해 현금 수익을 창출할 수도 있다.

비교적 병원 갈 일이 많은 아이가 있는 가정은 유용한 플랫폼이다. 우선 추천인 입력 후 가입해서 첫 리뷰만 써도 스타벅스 아메리카노 한 잔으로 바꿀 수 있다.

 ·········· ## 오늘 뭐 샀니 '캐시카우'

세 번째로 소개할 영수증 적립 앱은 '캐시카우'이다. 네이버 마이 플레이스와 같은 영수증 적립 앱이고 함께 사용도 가능하다. 캐시카우의 경우 지정된 매장의 영수증만 적립이 가능한데 각종 마트와 편의점, 쿠팡, 지마켓, 올리브영 등 거의 모든 곳이 가맹점으로 지정되어 있어 적립이 어렵지는 않다. 다만 시간이 오래 지난 영수증은 적립되지 않으니 바로바로 적립하는 습관을 들이는 게 좋다.

플레이스토어나 앱스토어에서 '캐시카우'를 검색해서 설치한 뒤 가입하면 된다. 영수증 적립 버튼을 누르면 지정 매장들이 나오는데, 내 영수증 매장을 검색한 뒤 해당 카테고리에서 안내에 따라 적립하면 된다. 영수증 하나에 10포인트씩 적립

되고 5,000포인트부터는 현금으로 환급이 된다.

캐시카우에서 추천하는 상품을 구매하고 포인트를 얻는 방법도 있다. 매일 추천하는 상품이 바뀌는데, 예를 들어 '빙그레 바나나우유-300P'라는 추천 상품이 있으면 빙그레 바나나우유를 사고 영수증을 적립하면 300포인트를 추가로 받을 수 있다는 의미다.

이외에도 동영상을 시청하거나 설문조사를 해서 추가 포인트를 받을 수 있다. 캐시카우 첫 화면의 '포인트 박스'를 터치하면 '동영상 보기'와 '설문조사 하기'가 나오는데 일정 시간 동영상을 보거나 간단한 설문조사를 하면 포인트를 얻을 수 있다.

 ·········· ## 소비할수록 돈이 쌓이는 '엠브레인'

마지막으로 소개할 영수증 적립 앱은 엠브레인이다. 영수증 등록 1건당 100원의 포인트를 지급하고, 상품 바코드 1개당 30원씩, 등록한 만큼 적립금을 모을 수 있다. 무엇보다 특정 브랜드만 가능한 것이 아니라 우리가 주로 소비하는 음식, 소모품, 화장품 등도 적립 가능해서 영수증 적립 앱테크 중 가장 쉽고 많은 포인트를 얻을 수 있다.

회원 가입 후 쇼핑 패널을 통해 종이영수증, 전자영수증 모두 등록할 수 있다. 엠브레인 사용 시에는 ①내가 직접 구매한 것만 ②구매 후 7일 이내 ③상품 고유 바코드가 아닌 매장에서 부착한 바코드는 불가하다는 주의사항이 있다. ①번의 경우 하나의 영수증을 가지고 중복 등록하는 부정행위를 막기 위한 것으로 경험상 중복으로 등록하지 않는다면 불이익받는 일은 거의 없다. 영수증 적립을 해본 결과 1건당 평균 130원～300원 정도가 적립된다.

또한 설문조사, 좌담회 참여로 더 많은 포인트를 적립할 수 있다. 설문조사는 건당 500원～5,000원 정도의 적립금을 받을 수 있고 좌담회의 경우 엠브레인 본사 방문 등 번거롭지만 10만 원 이상의 금액을 받을 수 있는 장점이 있다.

쌓인 포인트는 인출을 통해 현금화가 가능하다. 영수증 한 장만 있다면 최소 100원씩 할인받을 수 있는 셈이다. 회원 가입 시 추천인 코드를 입력하면 1,500원의 포인트를 받을 수 있다. (추천인 코드: river772)

영수증 적립의 경우 최근에는 종이 영수증 대신 업체별 앱에서 포인트 카드를 보여주면 바로 적립할 수 있다. 스타벅스나 투썸, 바나프레소, 메가커피 등 카페의 경우 10여 잔을 마시면 1잔 공짜 쿠폰이 지급되며, 해피포인트나 CJ ONE의 경우 다양한 가맹점에서 포인트를 적립할 수 있다. 나는 지출이 많지 않은 편이라 해당 업체에서 포인트를 적립받는 일은 많지 않다. 하지만 업무상 자주 이용하는 매장이 있다면 반드시 포인트 제도가 있는지 확인하고, 한 번이라도 무료 혜택을 받아보면 적립의 유용함을 직접 체험할 수 있을 것이다.

중고 기프티콘:
외식이 하고 싶을 땐

세상에는 맛있는 것들이 너무 많다. TV를 보면 맛집 소개가 줄기차게 나오고, 유튜브엔 먹방이 넘쳐나는 세상이다. 편의점에서는 매일 신상 메뉴가 쏟아져 나오고, 프랜차이즈 카페나 제과점, 아이스크림 가게에서는 계절마다 신제품을 선보이며 광고로 유혹한다. 이런 유혹이 아니더라도 유난히 더운 날엔 시원한 커피가 생각나고, 직장 상사에게 억울하게 싫은 소리를 들은 날에는 치맥이 생각나는 게 당연하다.

　나도 마찬가지다. 절약하겠다고 결심한 후 식비를 아낄 마음에 집밥만 해 먹겠다고 다짐했지만 가끔 남이 해준 밥이 먹고 싶을 때도 있다. 요리하는 것도 좋아하게 되었고 외식과 배달 음식을 자제하는 편이지만, 유튜브 먹방을 보거나 온종일 직장에서 시달린 후 퇴근하고 나면 손 하나 까딱하고 싶지 않을 만큼 지쳐서 외식이 절실해지곤 한다. 그럼에도 혼자 집에 있을 때는 유혹을 참을 수 있다.

문제는 약속이 있을 때다. 오랜만에 친구를 만나면 밥도 먹고 차도 마시게 된다. 내가 가기 싫다고 안 갈 수도, 내 것만 빼고 주문할 수도 없다. 게다가 나도 사람인데 친구들과의 만남에서 맛있는 것 먹고 마시며 즐기고 싶다. **돈은 안 쓰고 싶지만 사람들과의 만남도 포기할 수 없을 때 필요한 것이 바로 '중고 기프티콘'이다.**

중고 기프티콘이란 중고 장터에 나온 기프티콘을 구매하는 것이다. 사람들이 선물로 받은 기프티콘을 자기가 사용하지 않고 원가 대비 10~30% 정도 저렴하게 내놓는 경우를 말한다. 아직 짠테크를 접하지 못한 사람들은 '그래봐야 커피 한 잔으로 따지면 고작 몇백 원 아끼는 건데 그냥 사 먹어도 되는 거 아냐?'라고 생각할 수 있다. 하지만 나날이 오르는 물가 상승률에 비해 한참 뒤처지는 연봉 인상률을 생각하면 한 푼이라도 더 아껴야 한다. 무엇보다 그렇게 생각하고 서너 번 친구들을 만나고 돌아오면 그달의 예산은 바로 적자가 된다.

몇 년 전에 농심 새우깡이 1,300원에서 1,400원으로 가격이 인상되었다는 기사가 나왔다. 겨우 100원밖에 안 올랐다고 생각할 수도 있지만 오른 금액을 따져보면 무려 7.7%가 인상된 것이다. 10%는 적지 않다. 원래 10만 원이었던 물건이 10%가 오른다면 11만 원, 100만 원짜리 물건이 10% 오른다면 무려 10만 원이나 인상되는 셈이다. 중고 기프티콘의 10% 할인율이 절대 적은 것이 아니란 얘기다.

30만 원을 썼다고 가정해보자. 카드 할인이나 적립 등으로 받을 수 있는 혜택은 아무리 많아야 3%, 즉 1만 원 정도가 고작이다. 하지만 중고 기프티콘을 활용해 30만 원을 사용하면 아무리 못해도 10%, 즉 3만 원 이상을 아낄 수 있다. 저렴한 금액으로 계산했을 땐 푼돈처럼 느껴지지만 금액이 커지면 결코 적은 금액이 아니게 된다. 내가 그동안 중고 기프티콘을 구매해서 아낀 금액을 모두 더해보면 적어도 치킨 10마리 값 이상은 될 것이다.

나도 처음부터 중고 기프티콘을 잘 활용했던 것은 아니다. 친구들을 만나다 보면 식사를 하고 카페에서 수다를 떠는 수순이 이어진다. 하지만 짠테크를 시작하면서부터 카페에서 쓰는 돈이 아까웠다. 그렇다고 친구에게 카페 대신 공원 벤치에 앉아서 얘기하자고 할 수는 없는 노릇이었다. 적은 금액이지만 카페에서 쓰는 돈을 아낄 수 있는 방법이 없을까 찾다가 기프티콘이 중고로 거래되고 있다는 사실을 알게 된 것이다.

이런 일이 있었다. 친구와 저녁을 먹고 커피를 한 잔씩 하자며 카페로 이동하던 중이었다. 휴대폰으로 카페 기프티콘을 폭풍 검색하고 있었다. 집중하는 나를 보더니 친구가 뭘 하느냐며 물었다. 나는 조금 멋쩍어하며 중고 기프티콘에 대해 말했다. 사실 친구가 나를 어떻게 생각할지 몰라 걱정도 되었다. 그런데 걱정과 달리 친구는 "이렇게 좋은 게 있었어? 진작 좀 알려주지 그랬어."라며 반겼고, 그 일을 계기로 우리는 소비에 대한 부담을 줄이면서 더 편히 만날 수 있게 되었다.

중고 기프티콘의 장점은 다양하게 선택할 수 있다는 것이다. 거의 모든 프랜차이즈들이 기프티콘을 발행한다. 그래서 먹고 싶은 음식이 있을 때 기프티콘을 이용하면 저렴하게 외식을 하거나 배달을 시킬 수 있다. 식음료뿐 아니라 화장품이나 액세서리까지 다양한 물건들을 중고 기프티콘으로 구매할 수 있어서 선물용으로도 유용하다. 덕분에 절약하면서도 지인들에게 인색하지 않게 베풀 수 있었다. 또한 가끔 찾아오는 외식의 유혹에 굴복할 때 나의 죄책감을 상당 부분 덜어준 것은 물론이다. 기왕 사 먹는 건데 조금이라도 저렴하게 먹으면 기분이 더 좋아지니까.

책을 쓰면서 집중되지 않을 때면 주말마다 스타벅스 카페에서 커피를 마시곤 했다. 아무래도 카페라는 공간이 글쓰기에 더 집중이 잘되는 터라 포기하기가 쉽지 않았다. 그럴 때마다 나는 중고 기프티콘을 구매하고, 텀블러를 가져가 텀블러 할인 400원까지 받으며 알뜰하게 커피를 마셨다. 내 삶을 풍요롭게 해주는 이런 작은 사치라서 커피가 더 시원하고 맛있었다.

중고 기프티콘 앱 3대장: 팔라고, 기프티스타, 니콘내콘

중고 기프티콘을 어디에서 구할 수 있을까? 중고나라나 당근마켓에서도 구할 수 있지만, 중고 기프티콘만 전문적으로 구매 및 판매하는 플랫폼을 이용하는 것도 좋은 방법이다. 그중 대표적인 곳이 팔라고, 기프티스타, 니콘내콘이다. 세 곳 모두 기프티콘을 저렴하게 구매할 수 있으며, 유효기간이 임박한 기프티콘의 경우 큰 할인 폭으로 구매할 수 있다.

사용 방법도 간단하다. 앱을 설치한 후 회원 가입을 하고, 원하는 기프티콘을 검색한 후 구매하면 된다. 내가 사용하지 않는 기프티콘을 판매할 수도 있다.

중고 기프티콘 앱 비교

	팔라고	기프티스타/ 니콘내콘
장점	1. 개인 간 거래로 판매 금액 설정이 자유롭다. 2. 비슷한 앱 중 가장 다양한 기프티콘 거래가 가능하다.	1. 개인과 기업 간 거래로 빠른 판매가 가능하다. 2. 판매·구매 금액이 정해져 있다. 3. 구매 시 포인트, 카드, 계좌이체 등 자유롭게 선택 가능하다.
단점	1. 판매 금액은 수동 입력이므로 실수에 주의해야 한다. 2. 구매 희망자가 나타나야 한다. 3. 구매 완료 시 최대 3일 이후 수익금이 들어온다. 4. 구매 시 충전 금액의 3% 수수료가 발생한다.	1. 매입 요청이 많은 기프티콘은 일시적 판매가 제한된다. 2. 팔라고에 비해 판매 금액은 낮고 구매 금액은 높은 편이다. 3. 거래를 받지 않는 일부 기프티콘이 있다.

친구에게 선물할 때 좋은 '일상카페'

'기프티콘' 하면 빼놓을 수 없는 것이 '카카오톡 기프티콘 선물'이다. 친구 생일이나 지인의 기념일, 누군가에게 답례를 해야 할 때 간편하게 카카오톡으로 기프티콘을 보내는 경우가 많다. 그럴 때면 나는 선물을 고르면서 약간 망설이게 된다. 중고 기프티콘이 있다는 것을 아는데 제값을 주고 선물을 해야 하기 때문이다. 그렇다고 선물용으로 중고 기프티콘을 보낼 수도 없으니 더 안타깝다.

그러던 중에 '일상카페'라는 기프티콘 앱을 알고부터는 더이상 고민하지 않게 되었다. 일상카페는 새로 발급되는 기프티콘을 적게는 2%에서 많게는 18% 이상 할인해서 판매하는 애플리케이션이다. '혹시 누군가 사용한 기프티콘은 아닐까?', '상대가 눈치채는 것 아닐까?' 하는 걱정은 하지 않아도 된다. 카카오톡 선물하기 기능과 동일하게 카톡 창에서 카드+메세지 형태로 보낼 수 있고, 구매한 기프티콘은 별도 페이지에서 확인과 취소도 자유롭게 할 수 있다.

각종 포인트 혜택이 있다는 것도 큰 장점이다. 포인트를 모을 수 있는 미션과 다양한 할인 이벤트가 있어 더 저렴하게 기프티콘을 구할 수 있고, 이를 통해 1,000포인트 정도는 쉽게 얻을 수도 있다. 다양한 브랜드의 기프티콘을 판매하기 때문에 선택의 폭도 넓다. 여기에 사용한 쿠폰 금액 대비 추가 적립도 할 수 있어 마지막까지 포인트를 아낌없이 받을 수 있다. 가입 시 추천인 코드를 입력하면 200포인트를 받을 수 있다. (추천인 코드 48898C285)

TIP 기프티콘으로 현금영수증 발행하기

☐ 모든 기프티콘은 내가 얼마나 저렴한 가격에 구매했는지와 상관없이 원가에 현금영수증이 가능하다. 만약 현금영수증을 발행하지 못했다면 홈택스에서 직접 등록 가능하다.

☐ 홈택스 > 전자(세금)계산서·현금영수증·신용카드 > 현금영수증(근로자·소비자) > 자진발급분 소비자 등록에서 영수증에 있는 정보를 입력하면 된다. 현금영수증 등록은 당일은 안 되고 다음 날부터 가능하다.

중고마켓:
생각보다 많은 제품이 있다

한때 예쁘지만 쓸모없는 물건에 환장했던 시절이 있었다. 절약을 시작한 뒤 그 습관은 완전히 고쳐서 새 물건은 거의 사지 않는다. 하지만 자취를 시작하니 사정이 달라졌다. 최대한 절약하기 위해 제일 저렴한 전셋집, 그중에서도 가구가 옵션으로 있는 집을 골랐다. 본가에서 가져올 수 있는 물건들도 최대한 많이 챙겼지만 그것만으론 턱없이 부족했다. 생각보다 많은 물건들이 필요했고 그와 함께 내 고민도 깊어졌다. 필요한 물건을 새것으로 구매하려니 100만 원도 넘을 것 같았다. 망설이던 차에 불현듯 떠오른 곳이 있었다. 내가 물건을 팔 때만 이용하던 중고 장터였다.

부랴부랴 필요한 물건들을 검색하기 시작했다. 당시 제일 급했던 것이 전자레인지였다. 너무 비싸서 차일피일 미루고 있었는데 중고 장터에서도 전자레인지 구입은 쉽지 않았다. 하나같이 오래되었거나 내가 원하는 금액이 아니었다. 상태가 좋고 저렴한 물건은 빛의 속도로 판매되어버렸다. 자꾸 좋은 물건을 놓치게 되니 오기가 생겼다. 은근히 승부욕도 생기는 것이 호락호락하게 타협하지 않으리라 다짐하게 되었다. 우선 나만의 기준을 세웠다.

'절대 제값 주고 안 사! 상태가 깨끗해야 하고 너무 오래된 것도 안 돼. 가격은 2만5,000원 미만!'

알림 키워드에 '전자레인지'를 걸어두고 알림음이 울릴 때마다 0.1초의 반응 속도로 확인했다. 밥을 먹을 때도, 누워서 텔레비전을 볼 때도 알림음이 울리면 만사 제쳐두고 확인했다.

장기전을 각오했건만 나의 전자레인지 구입 분투기는 이틀 만에 막을 내리게 되었다. 나처럼 자취하던 사람이 방을 비우게 되면서 전자레인지를 저렴하게 올린 것이다. 상태가 정말 좋았고 가격은 무려 1만5,000원! 알림을 확인하자마자 1초 만에 '제가 살게요!! 지금 당장 출발 가능합니다.'라고 채팅을 보냈다. 그 뒤 5초도 지나지 않았는데 8명의 사람들이 판매자에게 채팅을 보냈지만 1등은 나였고, 결국 전자레인지를 쟁취하게 되었다.

이제 전자레인지를 받으러 가기만 하면 되는데 생각지 못한 문제가 생겼다. 당시 자취를 시작한 지 일주일도 채 안 된 시점이라 대전 지리를 전혀 모르는 상태였다. 엎친 데 덮친 격으로 휴대폰 배터리도 20%가 채 남지 않았다. 하지만 이렇게 좋은 기회를 놓칠 수는 없는 일. 무작정 제일 큰 가방 하나를 챙겨서 2시간 거리를 걸어 판매자의 집 앞으로 갔고 거래는 무사히 성사되었다.

무게가 꽤 나가는 전자레인지를 가져가겠다며 달랑 가방 하나 들고 나타난 내 모습에 당황스러워하던 판매자의 얼굴이 아직도 눈에 선하다. 그러거나 말거나 좋은 물건을 저렴하게 얻어서 신난 나는 힘든 줄도 모르고 전자레인지를 메고 집으로 향했다.

그런데 휴대폰 배터리 잔량이 1%가 되었다. 설상가상으로 비까지 조금씩 오기 시작했다. 길을 검색하고 싶어도 휴대폰은 이미 꺼져버렸고, 도무지 집으로 가는 방향조차 알 수 없어서 머리가 새하얘졌다. '이러다 전자레인지와 함께 미아가 되는 건가?' 같은 별별 생각이 다 들었다. 그 순간 집 앞 버스정류장 명이 떠올랐다. 길을 걷다가 버스정류장이 보일 때마다 이름을 확인하며 집으로 향했고, 다행히 무거운 전자레인지를 잘 가져왔다. 원래 가격을 알아보니 배송비 포함 7만 원이 넘는 제품이었다. 고생하긴 했지만 무려 5만5,000원이나 아낀 셈이었다.

전자레인지를 손에 넣고 나니 에어프라이어가 눈에 들어왔다. 전자레인지가 없던 시절엔 그것만 있으면 모든 게 해결될 것 같았다. 그런데 이젠 에어프라이어로 만두도 구워 먹고 싶고 고구마도 굽고 싶었다. 검색해보니 에어프라이어는 만만한 녀석이 아니었다. 1~3L의 작은 용량 제품도 3만 원을 훌쩍 넘겼고, 중고 장터에도 꽤 비싼 가격에 올라와 있었다.

포기하자니 미련이 남고, 그렇다고 구매하자니 너무 비싸 망설이기를 여러 날. 짠돌이 지인에게서 유리 광파오븐을 추천받았다. 10L 대용량에 내부가 유리라서 설거지하기 쉽고 새 제품도 5만 원이면 구입 가능했다. 하지만 이마저도 조금 더 저렴하게 구입하고 싶어서 중고 마켓에서 또다시 폭풍 검색을 했다. 내가 구매하려던 것과 같은 제품을 판매하는 사람들이 정말 많았는데, 그중 포장도 뜯지 않은 새 제품을 1만2,000원에 판매하는 분과 거래를 하게 되었다.

거래 당일 판매자의 어머니로 보이는 분이 나오셨다. 그 어머니는 "우리 딸이 이것저것 사는 걸 좋아해서 사두고는 한 번도 안 썼어요. 에어프라이어인가 그거 쓰느라고 이건 처박아놔서. 깨끗한 새 상품이니 열어서 한번 확인해봐요."라고 하셨다. 어머니 말씀대로 제품을 확인해보니 새것이나 마찬가지였다. 나는 판매자로 나온 어머니와 협의해 광파오븐을 1만 원에 구입해 집으로 가져왔다. 이 오븐으로 나는 빵도 구워 먹고, 감자와 고구마도 굽는 등 지금까지 아주 요긴하게 사용하고 있다.

한창 유행하던 포켓몬 빵도 중고 마켓 덕에 맛볼 수 있었다. 어린 시절 추억을 되새기며 포켓몬 스티커를 모으는 어른들이 있다. 그런 사람들은 빵 속에 든 스티커가 목적인지라 정작 본상품인 빵은 처치 곤란인 경우가 많다. 나는 스티커 모으는 데는 관심이 없었지만 포켓몬 빵이 너무 궁금했고 먹고 싶었다. 돈을 주고 사려고 해도 이미 누군가가 쓸어가고 난 뒤라 도무지 구할 수가 없었다. 그래서 중고 마켓에 '스티커는 관심 없어요. 빵만 팔아주세요.'라고 글을 올렸고, 곧바로 빵 7개를 팔겠다는 판매자와 연결되었다.

그 판매자 역시 어린 시절 좋아했던 포켓몬 스티커를 모으는 성인이었는데, 빵 가격은 정해두지도 않아서 7개의 빵에 2,000원만 달라고 했다. 나는 남는 장사라고 생각하고 곧바로 구매 의사를 밝혔다. 하지만 문제가 있었다. 판매자 집은 걸어서 1시간 20분 떨어진 곳이었다. 당연히 걸어갈 생각에 편도 1시간이 넘게 걸릴 것 같다고 문자를 보냈다. 그랬더니 판매자는 "걸어서 오시려고요? 버스 타면 가까운데 버스비 생각하면 돈이 더 들겠네요. 그럼 그냥 드릴게요."라고 답했다.

나는 공짜로 준다는 말에 신이 나서 버스를 타고 간 척하고 열심히 걸어서 빵을 받으러 갔다. 왕복 2시간 40분 거리였지만 운동이라고 생각하니 힘들지 않았다. 덕분에 그날 캐시워크 포인트도 최고로 받았다. 판매자분을 만나 빵 7개를 받았고 집으로 돌아와 맛있게 먹었다. 운동하고 난 뒤라서 그런지 빵은 더 맛있었다. 맛보고 싶어도 구하기조차 힘든 포켓몬 빵을 무료로 먹어볼 수 있어서 더 좋았다.

나는 중고 마켓을 자주 이용하는데 주로 쓰는 플랫폼은 '당근마켓'이다. 정말 다양한 제품을 저렴하게 중고로 구매했고, 무료로 나눔도 많이 받았다. 당근마켓의 경우 내가 사는 동네 근처에 사는 사람들이 올린 판매 글 위주로 노출되기 때문에 직접 만나 편하게 직거래할 수 있는 장점이 있다.

없는 것 빼고 다 있다는 중고 장터는 이제 나와는 떼려야 뗄 수 없는 관계가 되었다. 나중에 결혼하면 신혼집 가전이나 가구도 중고 장터에서 저렴하게 구매하고 싶을 정도다. 실제로 당근마켓 거래만으로 혼수를 장만한 신혼부부 이야기가 당근마켓 광고 배너에 소개된 적이 있었다. 온라인으로 만난 그분들의 신혼집은 놀라움 그 자체였다.

나 역시 중고 마켓에서 정말 많은 물건을 사고팔았지만 내심 '중고 물품에는 어딘가 하자가 있을지도 몰라.' 하는 마음이 있어서인지 중고 물품으로만 채워 넣은 신혼집은 어딘가 어수선할 것이라고 생각했다. 하지만 그들의 신혼집은 말하지 않으면 아무도 모를 정도로 깔끔하고 정돈되어 보였다. 마치 처음부터 구색에 맞춰 새로 구매한 물품들처럼 말이다. 이후 은연중에 갖고 있던 중고 물품에 관한 편견을 버리게 되었고, 요즘은 필요한 물건이 생각나면 우선 중고 장터부터 들어가 가격을 검색하곤 한다.

2살 아이를 키우는 지인 부부는 한참 자라는 아이의 옷과 장난감 등을 중고 장터에서 구매한다. 아이들 물품은 보통 짧게 사용하는 것들이 대부분이라 좋은 물건을 쉽게 구매할 수 있다. 특히 아이들이 보는 책 같은 경우 필요한 시기에 따라 바꿔주는 것이 좋은데, 중고 장터를 이용하면 매우 합리적인 가격으로 사고팔 수 있다.

중고 물품이라고 해서 지저분하거나 유행이 지난 상품만 있는 게 아니다. 정말 쓸 만하고 새것 같은 물건도 많이 올라온다. 물론 모든 물건을 중고 장터에서 해결할 수는 없다. 하지만 중고 장터를 이용하면 좀 더 합리적인 소비를 할 수 있다. 그러니 꼭 필요한 물건이 있다면 중고 장터부터 검색해보라. 조금 전에 인터넷 쇼핑몰에서 검색한 그 제품이 절반 가격에 올라와 있을지도 모른다.

재활용품:
환경도 지키고 혜택도 받고

환경오염으로 인한 기후 변화가 심상치 않다. 기상 이변이 속출하면서 여름이 되면 최고기온을 경신하고 전 세계가 폭염과 폭우에 시달리고 있다. 목련과 장미도 계절을 잊은 채 같이 꽃을 피우는 세상이다. 겨울인데도 기온이 영상 20도 가까이 계속되는 날도 제법 있다.

기후 변화는 이미 시작되었고, 그 속도 또한 지구상의 생명체가 적응하기 힘들 정도로 빨라지고 있다. 그러면서 제로웨이스트, 탄소 절감 등 환경오염을 막기 위해 무분별한 물품 사용을 지양하는 활동이 점점 관심을 받고 있다. 나 역시 조금이나마 지구를 위해 힘을 보태기 위한 나만의 5가지 행동 강령을 정했다. ①일회용품 최소화하기 ②튼튼한 일회용품은 세척 후 재사용하기 ③장바구니 들고 다니기 ④일회용 컵 대신 텀블러 사용하기 ⑤친환경 제품이나 영구 사용이 가능한 제품 선택하기 등이다.

특히 앱테크를 하면서 이벤트로 아이스크림이나 음료 기프티콘을 자주 받게 되는데, 이때 집에서 깨끗하게 세척한 다회용기를 가져가 거기에 담아서 포장해 온다. 자주 가는 아이스크림 가게는 다회용기를 챙긴다고 할인을 해주진 않는다. 하지만 평소 무분별한 일회용품 사용에 대한 문제점을 인식하고 있던 점장님은 환경을 생각하는 마음이 멋지다며 칭찬해주셨고, 아이스크림을 덤으로 주시기도 했다. 환경 문제에 관심을 갖게 되면서 눈에 들어오는 혜택들이 있다. 평소 조금만 신경 쓰면 할인을 해주거나 소소한 서비스를 받을 수 있는 절약 팁이다.

텀블러는 필수

커피는 이제 바쁜 직장인들에게 꼭 필요한 기호식품이다. 아침에 아직 멍한 뇌를 깨우는 데 한 잔, 점심 식사 후 몰려드는 졸음을 쫓기 위해 한 잔. 하지만 이렇게 쓴 커피 값은 절대 무시할 수 없는 수준이다. 직장인이 아니어도 카페 출입을 자제하는 것은 쉽지 않다. 카페는 더 이상 단순히 차를 마시거나 누군가를 만나기만 하는 공간이 아니다. 누군가에겐 작업 공간이고 누군가에겐 마음의 안식을 얻는 휴식처다.

나 역시 이 책을 쓰면서 카페를 종종 이용했다. 직장을 다니다 보니 퇴근 후 틈틈이 집에서 글을 써야 했다. 하지만 온종일 회사에서 일하고, 집에 와서 저녁을 해 먹고, 남은 집안일도 하고, 운영하고 있는 유튜브 채널과 카페 관리 등을 하다 보면 도무지 글을 쓸 짬이 나질 않았다. 특히나 공간이 구분되지 않는 원룸에 살다 보니 컴퓨터 바로 옆에 자리 잡은 침대의 유혹을 뿌리치기가 너무 힘들었다. 그래서 과감히 짐을 싸서 카페로 갔다. 주로 스타벅스에서 이벤트로 받은 공짜 기프티콘을 사용하거나 중고 기프티콘을 저렴하게 구입해서 사용했다. 이때 잊지 않고 꼭 텀블러를 챙겼는데 바로 '개인 컵 할인 제도'를 이용하기 위해서다.

개인 컵 할인 제도는 일회용품 소비를 줄여서 지구 온난화를 막고, 감당할 수 없이 늘어나는 쓰레기를 줄여보자는 취지에서 생겨난 제도다. 생각보다 오래전부터 시행되고 있었는데, 최근 탄소 절감, 제로웨이스트, 지구 온난화 등에 사람들이 관심을 갖게 되면서 많은 카페에서 개인 컵 할인 제도를 시행하고 있다.

할인율은 카페마다 다른데 최소 100원에서 많게는 500원까지도 할인해주고 있다. 스타벅스를 예로 들면 한 잔에 4,500원 하는 아이스 아메리카노는 개인 컵을 이용하면 400원을 할인해서 4,100원에 먹을 수 있다. 만약 중고로 구매한 기프티콘을 사용하면 더 절약 가능하다.

카페에서 글을 쓰다 보니 음료를 많이 마시게 되면서 800원을 추가해 사이즈 업을 하는 편이다. 가끔 두 잔 이상을 주문하기도 한다. 사정이 이렇다 보니 카페에서 절약하기 위해 여러 방법을 사용하는데, 이벤트 참여로 받은 공짜 기프티콘을 자주 활용한다. 그러면 아메리카노는 0원에 마실 수 있는데 사이즈 업을 하면 800원이 추가된다. 하지만 텀블러를 이용하면 400원이 할인되니 결국 400원으로 대용량 아이스 아메리카노를 마실 수 있는 것이다. 추가로 스타벅스는 '탄소중립포인트제'를 연동하게 되면 ①개인 컵 사용 시 300원 ②전자영수증 발급 시 100원의 포인트가 적립되고 현금화할 수 있다.

환경 문제로 일회용 컵 사용이 줄어들고 있고, 매장을 이용할 경우 머그컵에 음료를 내준다. 하지만 그와 별개로 개인 컵을 가져가면 카페마다 200~500원 할인해준다. 하루에 한 잔은 카페에서 커피를 사서 마신다면 텀블러를 지참해보는 것도 절약에 작은 보탬이 된다. 환경에 보탬이 되는 건 당연하고.

재활용품 보상 교환 사업

재활용품 보상 교환 사업을 처음 알게 된 것은 2018년이었다. 재활용품 보상 교환 사업은 각 지역 행정복지센터에서 운영되는데, 폐건전지, 우유팩, 아이스팩 등 재활용 쓰레기 중에서 폐기물 취약 품목을 일정 개수나 무게 이상 가져가면 다른 물품으로 교환해주는 사업이다. 교환해주는 품목은 두루마리 휴지나 새 건전지, 종량제 봉투 등 생활에 유용한 생필품이다.

이 사업의 취지에 대해 들은 뒤 나는 굳이 모으려고 애쓰지 않아도 어차피 쌓이는 폐건전지, 우유팩, 아이스팩 등을 모아봐야겠다고 생각했다. 그런데 폐건전지와 아이스팩을 모으는 데는 큰 수고로움이 없었지만 우유나 음료가 담긴 종이팩을 모으는 과정은 번거로웠다. 우유나 음료를 다 비운 뒤 가위로 잘라 펼치고 말려야 하기 때문이다. 물을 사용해 팩도 세척해야 해서 수도 요금과 내 노력이 더 필요했다. 잠깐 망설여졌지만 방법이 떠올랐다. 설거지를 한 후 마지막 헹굼 물을 모아두었다가 그 물로 종이팩을 세척했다. 그랬더니 물 사용량이 줄었고, 설거지하는 김에 세척하는 거라 한 번 더 품을 들이는 번거로움도 줄었다.

그렇게 8개월 동안 모은 200장 넘는 우유팩을 들고 행정복지센터를 방문했다. 양손 가득 우유팩을 들고서 방황하고 있는데, 때마침 우유팩을 본 직원이 담당자를 안내해주었다. 담당자는 서류를 내밀며 개인정보와 우유팩 개수를 적어달라고 했다. 서류 작성을 끝마치자 담당자는 두루마리 화장지 3개를 내주었고 나는 감사의 인사를 건넸다. 우유팩을 모으는 과정은 분명 쉽지 않았다. 하지만 휴지를 들고 행정복지센터를 나서는데 왠지 모를 뿌듯함이 느껴졌다.

재활용품 보상 교환 사업은 우유팩 외에도 폐건전지, 아이스팩 등도 모아서 가면 생필품으로 되돌려준다. 나는 무선 마우스와 키보드, 현관문 도어락 등에 건전지를 사용하고 있다. 특히 현관문 도어락은 건전지를 교체할 때마다 양이 꽤 나오는데, 재활용품 보상 교환 사업을 알게 된 후에는 건전지를 꾸준히 모으고 있다.

사실 건전지 잔량은 눈으로 확인하기가 어렵다. 그렇다고 마우스나 키보드, 현관문 도어락이 작동하지 않는데 건전지를 교체하지 않을 수도 없다. 새로운 건전지로 교체할 때마다 가

격이 만만치 않다고 생각했는데, 폐건전지를 모아서 가져다주
면 새 건전지로 바꿔주니 지출을 줄일 수 있었다.

　재활용품 보상 교환 사업에서 내가 가장 뿌듯함을 느꼈던
것은 아이스팩 교환이었다. 여름이면 아이스팩이 생각보다 많
이 쌓인다. 앱테크로 저렴하게 장을 보면 여름에는 택배 박스
에 딸려오는 아이스팩이 생각보다 많다. 최근에는 물을 얼려
만든 친환경 아이스팩이 늘었지만, 분리수거가 안 되는 일반
쓰레기인 아이스팩도 여전히 있는 편이다. 아이스팩을 일반
쓰레기에 버리면서도 환경에 해가 되어 마음이 무거웠는데,
모아서 행정복지센터에 가져다줄 수 있어서 다행이란 생각이
들었다. 제로웨이스트를 실천하는 어떤 인플루언서는 아이스
팩을 모아서 동네 정육점이나 과일가게 등에 가져다준다고 한
다. 나 역시 그 생각도 해보았지만, 동네 가게를 찾는 것보다는
한두 번 해보니 행정복지센터를 방문하는 것이 더 마음 편했
다. 생필품을 얻을 수 있다는 이점도 있고.

　나는 지금도 베란다 한쪽에 종이가방을 놓아두고 우유팩, 건
전지, 아이스팩 등을 모으고 있다. 다음번엔 두 주먹 정도 모인
폐건전지를 들고 행정복지센터를 방문할 계획이다. 재활용품
보상 교환 사업은 지자체마다 재활용 보상 품목이나 수거 기준,
그리고 지급되는 혜택이 조금씩 다를 수 있으니 자세한 사항은

거주지 주변의 행정복지센터 홈페이지를 참고하면 된다.

페트병과 캔도 돈이 된다! 수퍼빈 네프론

페트병과 캔도 돈이 된다는 사실을 알고 있는가? 수퍼빈 '네프론'을 이용하면 된다. 수퍼빈은 '쓰레기의 새로운 가치를 세상에 증명하겠다.'라는 비전으로 시작된 회사로, 우리가 매주 재활용 쓰레기로 버리는 페트병을 가공해 실제 산업에서 플라스틱병이나 포장재로 재활용할 수 있도록 연결하는 순환경제의 선두주자라 할 수 있다. 네프론은 이 수퍼빈이라는 회사에서 운영하는 페트병이나 캔 등 순환자원을 회수하는 로봇(자판기) 이름이다. 네프론이 주위에 있으면 페트병이나 캔 등을 자판기에 넣으면 일정 포인트로 전환해준다.

처음 수퍼빈에 대한 기사를 봤을 때는 솔직히 반신반의했다. 익숙한 회사나 제도도 아니었고, 우리 지역은 지방의 작은 동네라 없을 거라며 큰 기대도 하지 않았다. 그래도 혹시나 해서 수퍼빈 앱을 설치해서 살펴보았는데, 우리나라 대부분 지역에 설치되어 있었다. 물론 서울과 경기 지역에 가장 많이 설치되어 있었다. 그럼에도 이런 기특한 자판기가 있다는 사실이 신기하고 자랑스러웠다.

　네프론 이용 방법은 어렵지 않다. 우선 앱스토어나 구글플레이에서 '수퍼빈' 앱을 설치한다. 회원으로 가입한 뒤, 주변에 있는 네프론 위치를 확인하고 페트병이나 캔을 가져가 자판기에 넣으면 된다. 네프론 자판기에 페트병이나 캔을 넣을 때는 하나씩 투입한 뒤 전화번호를 입력하면 된다. 그러면 1개당 10원의 포인트가 적립되며 매일 최대 30개까지 가능하다.

　다만 페트병이나 캔은 미리 깨끗이 닦아야 하고, 페트병의 경우 겉 라벨을 떼어낸 것만 투입할 수 있다. 그리고 앱을 살펴보면 주위에 있는 네프론 자판기가 꽉 차서 사용할 수 없는 상태인지도 확인할 수 있으니 집을 나서기 전에 미리 체크하는 것이 좋다.

　나는 네프론을 알게 된 후 집이나 회사에서 페트병이 10개 정도 모였을 때 들르곤 한다. 그렇게 6개월 정도 했더니 1만 2,000원 정도의 포인트를 모을 수 있었고, 출금 신청을 통해 통장으로 돈을 입금받았다. 나는 생수를 사 먹지 않고 수돗물을 식수로 사용하는 편이라 페트병이 자주 나오지는 않는다. 물론 환경 보호를 위해 생수 사 먹는 것은 지양해야겠지만, 사정상 생수를 이용하는 가정이라면 수퍼빈 네프론을 통해 현금화하는 것을 추천한다.

제로웨이스트숍 재활용 혜택

자취를 하다 보니 생각보다 쓰레기가 많이 배출되었다. 생각해보면 일상적으로 살아가는 우리의 모든 발자취가 쓰레기를 만드는 과정이다. 저렴해서 시장에 가서 장을 보지만 거기에서 주는 검은 비닐봉투, 가끔 나를 위한 호사를 누리겠다고 시킨 배달 음식에 딸려오는 일회용품들, 마트에 들러 고르고 골라왔는데도 스티로폼 용기와 칭칭 동여맨 랩 등. 이래도 되나 싶을 정도로 재활용도 안 되는, 말 그대로 쓰레기가 많이 나왔다.

지출을 줄이는 것이 쓰레기를 줄이는 것이라는 생각이 들자 자연스럽게 제로웨이스트에 대한 관심이 생겼다. 그래서 제일 먼저 시작한 것은 영구적으로 사용할 수 있는 물품을 구입하는 일이었다. 테플론 코팅 프라이팬 대신 스테인리스 팬을 구입했고, 비닐 랩 대신 실리콘 랩을, 생리대 대신 영구적으로 쓸 수 있는 실리콘 생리컵을 사용했다. 음식도 배달보다는 다회용기를 가져가서 포장해 가져오는 쪽을 선택하는 등 나름대로 생활 쓰레기를 줄이기 위해 노력했다.

하지만 생활하면서 자연스럽게 생겨나는 쓰레기들을 완전히 줄일 수는 없었다. 그러던 중 우연히 SNS에서 제로웨이스트샵에 대해 알게 되었다. 마침 서울에 방문할 일이 있던 참이어서 제로웨이스트샵을 가보았다. 처음 접한 제로웨이스트샵은 확실히 다른 가게들과는 많이 달랐다. 오래 영구적으로 사용할 수 있는 용품들이 있었고, 대부분 자연분해되는 재질로 만들어졌으며, 세제와 샴푸 등은 필요한 만큼 공병에 담아갈 수 있도록 리필 스테이션에 담겨 있었다. 키친타월을 대신할 소창 행주와 대나무 칫솔을 구매하고 매장 안을 둘러보다가 제로웨이스트샵에서 자체적으로 재활용품을 수거한다는 사실을 알게 되었다. 그중 내 시선을 끈 것은 페트병 뚜껑 모으기였다.

페트병은 병과 뚜껑의 재질이 달라 함께 버리면 재활용하기 힘들다. 게다가 뚜껑 크기가 작다 보니 대충 버리는데, 따로 모으면 재활용을 통해 다양한 제품을 만들 수 있다. 나는 페트병 뚜껑을 모으기 시작했다. 방법은 간단하다. 음료를 마신 뒤 간단히 물 세척한 뚜껑을 상자나 쇼핑백에 넣어두기만 하면 끝이다. 몇 개월 모으니 쇼핑백을 가득 채울 정도가 되었고, 서울에 갈 때마다 단골 제로웨이스트샵인 알맹상점에 들렀다. 알맹상점에서는 병뚜껑 무게를 측정하고 색깔별로 분류한 뒤 쿠폰 적립을 해준다. 최근에는 모은 쿠폰으로 평소 갖고 싶었던 페트병 뚜껑으로 만든 찌약 짜개를 받았다.

알맹상점에서는 페트병 뚜껑뿐 아니라 우유팩, 아이스팩, 폐건전지는 물론 잘 말린 커피 찌꺼기도 수거 가능하다. 가져온 물건의 수나 무게에 따라 쿠폰을 적립해주고, 쿠폰을 다 모으면 페트병 뚜껑으로 만든 치약짜개 등으로 바꿔준다. 많은 제로웨이스트샵에서 이런 방법으로 재활용 혜택을 주고 있다.

탄소 포인트제 활용

자취를 시작한 후 내가 가장 신경 쓰인 부분은 관리비였다. 아무것도 안 하고 자취를 하고 있다는 사실만으로도 돈 나갈 곳이 많아졌다. 수도세, 전기세, 난방비 등은 나에게 꽤 부담이었다. 그러다가 '탄소 포인트 제도'에 대해 알게 되었다.

　탄소 포인트제는 지난 1년 동안 사용한 전기, 수도, 가스 사용량보다 5% 이상 절감하면 탄소 포인트나 돈으로 돌려주는 제도다. 다른 제도와 마찬가지로 탄소 포인트제도 홈페이지에서 회원 가입을 하고 참여하면 된다. 읍·면·동의 행정복지센터나 관할 자치단체의 기후탄소과에 방문해 가입하는 것도 가능하다. 회원으로 가입하면 과거 2년 또는 1년간 같은 월 사용량의 평균값(월별 기준 사용량)을 비교해 5% 이상 절감하면 연 2회 현금이나 상품권, 그린카드 포인트 등을 지급해준다.

　탄소 포인트제에 가입한 후 나는 관리비를 아끼는 여러 가

탄소 포인트 지급 기준 (연2회)

감축률	전기	상수도	도시가스
5% 이상~10% 미만	5,000P	750P	3,000P
10% 이상~15% 미만	10,000P	1,500P	6,000P
15% 이상	15,000P	2,000P	8,000P

(1탄소포인트 = 최대 2원)

탄소 포인트 유지 인센티브

감축률	전기	상수도	도시가스
0% 초과~5% 미만	3,000P	450P	1.800P

2회 이상 연속으로 5% 이상 감축해 인센티브를 받은 참여자가 이어서 0% 초과~5% 미만의 감축률을 유지할 경우 지급

지 방법을 실천해보았다. 사용하지 않는 콘센트는 무조건 뽑고, 겨울에는 수면 양말과 옷을 덧입고 난방 온도를 낮추었다. 양치할 때는 손 대신 컵을 사용했고, 설거지하고 나머지 헹굼물도 다른 용도로 활용했다. 다만 더위를 많이 타서 여름에 에어컨은 포기할 수 없었고, 대신 설정 온도를 약간 높게 잡아 사용했다.

나보다 탄소 포인트제를 먼저 신청한 지인은 이 제도를 통해 자기가 얼마나 수도, 전기, 난방 등에 대해 생각 없이 사용했는지 반성하게 되었다고 했다. 특히 오랜 시간 보온 상태로

두는 전기밥솥은 전기세 주범이라며 먹을 만큼만 밥을 하고, 남으면 소분해서 얼려두었다가 해동해서 먹는다고 했다. 얼마나 아낄 수 있을까 싶었는데 관심을 갖고 에너지 절약을 하다 보니 전기세가 확실히 줄었다고 했다.

탄소 포인트제는 단순히 포인트를 받기 위함이 아니다. **아무 생각 없이 낭비되고 있는 관리비에 대해 다시 한 번 체크해보는 계기가 되고, 실제로 관리비도 줄일 수 있다.** 거기에 탄소 포인트를 받으면 할인까지 받는 셈이다. 지자체에 따라 신규 가입자에게는 커피 쿠폰 등도 선물로 주고 있으니 이번 기회에 도전해보는 것도 방법이다.

절약 생활은 제로웨이스트와 많은 부분에서 닮아 있다. 환경을 위해서는 물건을 덜 사고 재활용하고 재사용하는 것이 중요한데 이런 모든 과정은 돈을 아끼는 것과 연결된다. 일회용 지퍼백을 사는 대신 다회용 용기나 실리콘 지퍼백으로 대체할 수 있고, 유행하는 옷을 충동구매하기보다 갖고 있는 옷을 조합해 입는 방법을 궁리하고, 배달 음식 대신 냉장고 파먹기를 하면서 집밥을 해 먹는 것 등은 나만의 짠테크 노하우지만 동시에 제로웨이스트 실천법이기도 하다. 나를 위한 절약 생활이 지구를 위한 선한 행동으로 이어진다고 생각하니 또 다른 동기부여가 된다.

TIP **탄소 중립을 실천하는 생활 속 습관**

□ **수도**

양치컵 사용
설거지 시 물 틀어두지 않고 헹굼은 한번에 하기
샤워 시 물 틀어두지 않기
세탁기 사용 주기 정하기

□ **전기**

안 쓰는 코드 뽑기
밥솥에 밥 오래 보관하지 않기
에어컨 적정 온도 유지하기

□ **가스**

보일러 적정 온도 유지하기
찬물로 세탁하기
수면양말, 두꺼운 잠옷으로 체온 올리기

알뜰폰:
휴대폰 요금, 너도 아낄 수 있어

아무리 줄이고 싶어도 쉽게 줄이기 힘든 것들이 있다. 바로 '고정비'라 불리는 것들이다. 대표적으로 관리비, 전기세, 가스비, 보험료, 교통비 그리고 통신비가 있다. 특히 통신비는 가족 결합 할인이나 카드 사용 시 할인 혜택을 받지 않는 이상 아무리 저렴한 요금제를 사용한다고 해도 꽤 부담스러운 금액을 지불해야 한다. 나 역시 휴대폰 요금을 아끼기 위해 데이터 2기가만 사용하는 요금제를 이용했는데, 그래도 한 달에 휴대폰 요금으로 5만 원이나 납부해야 했다.

차라리 고액 요금제를 사용하면 통신사에서 주는 공짜 영화표나 레스토랑 할인 혜택을 받겠지만 그중에서도 가장 저렴한 요금제를 사용하는 나에겐 혜택도 거의 없었다. 그나마 받을 수 있는 혜택이 한 달에 한 번 아이스크림 할인쿠폰을 받는 게 고작이었다. 휴대폰 요금은 대안이 없는 고정비라고 생각했다. 그러다가 휴대폰이 더 이상 작동되지 않는 직전까지 망가진 상태가 되었다.

결국 휴대폰을 바꿔야 해서 자급제 휴대폰을 찾아보다가 샤오미에서 나온 홍미노트8T라는 중국제 휴대폰을 발견했다. 당시는 2019년이었는데 휴대폰 가격이 239,000원이었다. 거의 100만 원에 가까운 휴대폰 세상에서 믿을 수 없이 저렴한 가격이었다. 나는 바로 그 휴대폰을 구입했고 요금제를 알아보던 중 알뜰폰을 알게 되었다.

알뜰폰은 저렴한 구형 휴대폰을 뜻하는 용어라고 생각했는데, 알뜰 요금제를 사용하는 휴대폰을 뜻하는 것이었다. 알뜰 요금제란 이동통신망을 가지지 못한 사업자가 기존의 통신사(SKT, KT, LG 3대 통신사) 망을 빌려 사용하는 통신 서비스로, 알뜰폰 통신 사업자들은 3대 통신사 사업자들과 다르게 통신망을 따로 구축하지 않기 때문에(네트워크 투자 등 비용이 들지 않음) 상대적으로 요금제가 저렴한 것이었다.

나는 사실 비싼 요금제를 사용하고 싶지 않았다. VIP 고객

알뜰 통신사 사업 구조

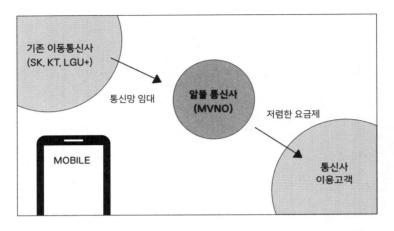

이 아닌 이상 통신사 혜택도 잘 이용하지 못했기 때문에 알뜰폰 통신사를 알고 나서 바로 바꾸었다. 알뜰폰으로 변경하고 나니 기존 5만 원에 육박하던 휴대폰 요금은 이용하는 요금제에 따라 약간씩 달라지긴 해도 최대 5,000원을 넘지 않았다. **한 달에 무려 4만5,000원이나 절약한 셈이고 1년으로 치면 54만 원을 아낀 것이다.**

그렇게 3년 정도 알뜰폰 요금제를 사용하다 보니 알뜰 통신사들끼리도 경쟁한다는 사실을 알게 되었다. 서로 더 많은 고객을 유치하기 위해 수시로 파격적인 요금제 할인 이벤트를 진행하는 것이었다. 예를 들어 정상가 2만5,000원인 요금제를 4~8개월 기간 동안 5,000원으로 요금을 할인해주는 식이었다.

그렇다면 이벤트 기간이 끝나면 다시 비싼 요금제를 내야 하는 걸까? 절대 아니다. 알뜰 통신사의 경우 약정기간이 없기 때문에 요금제 할인 기간이 끝날 즈음 요금제 할인 이벤트를 하는 또 다른 통신사로 옮기면 된다. 혹은 요금제에 가입한 지 1~2개월이 지나지 않은 시점에 더 좋은 조건의 타 알뜰폰 통신사로 이동해도 된다.

덕분에 나는 더 혜택이 많고 저렴한 요금제를 찾아 옮겨 다녔다. 통신사를 이동하는 게 번거롭고 귀찮아서 안 한다는 사람도 있지만, 나는 저렴한 요금제로 갈아타는 데서 희열을 느꼈다. 지금도 휴대폰은 갤럭시 23울트라를 사용하지만 알뜰폰 요금제를 이용하고 있다. 홍미노트8T를 4년 넘게 사용하다가 휴대폰을 바꾸기 위해 휴대폰 전용 적금을 들었는데 회사 대표님께서 업무 사용 목적으로 갤럭시 23울트라를 선물해주셨

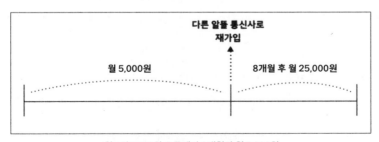

알뜰 통신사 요금제 활용하기

다른 알뜰 통신사로
재가입

월 5,000원   8개월 후 월 25,000원

월 2만5,000원 요금제가 8개월간 월 5,000원

다. 내가 맡은 업무 중 하나가 영상 촬영이었기 때문이다.

지금 사용하고 있는 요금제는 데이터 6기가에 전화 200분, 문자 100통을 이용할 수 있는데 월 이용 요금이 11개월간 100원이다. 지금 시점에 이보다 더 저렴한 휴대폰 요금제는 없을 것이다.

통신사별 요금제를 알아보는 것이 번거롭다는 분들도 있는데 ①모요 ②폰비 ③알뜰폰 허브 등과 같은 알뜰통신사 비교 사이트에서 이 과정을 간편하게 해결할 수 있다. 사이트에 들어가 자신이 원하는 데이터 사용량, 문자나 통화 사용량을 기입하면 그에 맞는 통신사 요금제를 추천해준다. 추천 통신사 중 가장 저렴한 곳, 할인 프로모션 기간이 긴 곳 등을 한눈에 비교해볼 수 있다.

여러 통신사를 이용해본 결과 알뜰 요금제 개통은 어렵지 않다. 통신사마다 개통 방법이 약간씩 다르긴 하지만, 개통에 필요한 형식대로 정보를 입력하고 개통 신청을 하면 혼자서도 쉽게 개통할 수 있다.

휴대폰 요금이 너무 많이 나온다고 걱정하는 지인들에게 알뜰폰 이야기를 해주면 저렴한 가격에 솔깃해하다가도 바로 바꾸지는 않는다. 대부분 '알뜰'이라는 단어에 대해 부정적인 생각을 갖고 있는 듯했다. 요금제가 저렴하다는데 통신의 질이 떨어지는 게 아닐까? 데이터가 잘 터지지 않는 건 아닐까? 왠지 너무 싸 보이지 않나? 혹시 불법 아닐까? 알뜰폰 통신사에 대한 다양한 의문을 제기한다.

나도 처음에는 비슷한 생각을 한 채 2019년에 개통해 지금까지 사용하고 있지만 3대 통신사와 별 차이를 느끼지 못하고 있다. 오히려 나를 믿고 알뜰폰으로 갈아탄 한 지인은 절대 아낄 수 없는 고정비라고 생각했던 휴대폰 요금을 이렇게나 줄일 수 있는 줄 몰랐다며 나에게 지금도 고마워한다.

내가 써본 후 엄마 휴대폰도 알뜰 요금제로 바꿔주었다. 우리 엄마 역시 알뜰 폰 통신사에 대한 불신이 가득했다. 꼭 바꿔야 하느냐며 차일피일 미루려고만 했다. 유튜브를 즐겨 보는 엄마는 5만 원 이상의 비싼 요금제를 쓰면서도 항상 데이터가 부족하다고 불평하던 중이었다. 결국 나의 반강제적인 설득으로 알뜰폰 통신사로 바꾸고 매월 5,000원 정도의 요금제를 쓰고 있다. 그런데도 데이터와 통화 모두 무제한으로 이용한다. 엄마 역시 매월 4만5,000원, 1년으로 따지면 54만 원 정도를 절약한 셈이다.

통신사를 옮기고 한 달 정도 지났을 때 엄마와 통화하면서 어떠냐고 물어본 적 있었다. 엄마는 달라진 게 하나도 없다며 오히려 유튜브를 마음껏 볼 수 있어서 더 좋다고 했다. 사실 알뜰 요금제는 이름만 알뜰폰 통신사일 뿐 기존의 3사 통신망을 이용하는 것이라 차이를 거의 느낄 수가 없다. 전파에 통신망이 어느 통신사라고 보이는 것도 아닌데 사람들은 괜한 오해를 하는 것이다. 알뜰 요금제로 통화해도 아주 또렷하게 잘 들리니까 전혀 걱정할 필요 없다.

알뜰 통신사와 기존 통신사의 차이점

	알뜰 통신사	기존 통신사
속도	속도는 같거나 비슷하다. 알뜰 통신사가 기존 통신사와 같은 통신망을 사용하기 때문이다.	
서비스	고객 상담이 어렵다. 상담을 요청하기 위한 경로가 적다.	고객 상담이 아주 편하다. 많은 대리점과 상담센터 등이 있어 접근이 용이하다.
가격	매우 저렴하다. 광고나 대리점 등의 투자비용이 크지 않아서 서비스 품질은 같지만 비용이 저렴하다.	비싸다. 5G망 구축이나 광고비, 서비스 품질 유지 등 비용이 클 수밖에 없다.

알뜰 통신사의 장단점

알뜰 통신사	
장점	단점
1. 3대 통신사 대비 월등히 저렴하다. (동일 데이터/문자/전화) 2. 약정이 없다. 3. 기존 망 변경, 자급제 개통이 자유롭다. 4. 데이터 통신 품질이 3대 통신사와 동일하다. 5. 쉽게 개통 가능하다. (고객센터/인터넷으로 신청 가능)	1. 멤버십 제도가 없다. (요금이 저렴한 이유) 2. 인터넷, TV결합 제품이 적다. 3. 일부 알뜰 통신사 고객센터 프로세스 구축이 미흡하다. (전화 연결의 어려움)

공과금:
100원이라도 줄일 수 있다면

나는 아낄 수 있는 돈은 무조건 아끼고 싶다. 그래서 휴대폰 요금, 관리비 등을 최대한 적게 내려고 노력했다. 그런데도 매월 고정으로 나가는 비용들을 더 아낄 수 있는 방법이 없을까 생각했다. 물론 찾다 보니 공과금을 할인해주는 카드도 있었지만, 한 달 지출 금액에 대한 조건이 있는 경우가 많아서 나에게 적용하긴 어려웠다. 그래도 부지런히 찾는 자에게 보인다더니 아무런 조건 없이 누구나 혜택을 받을 수 있는 몇 가지 방법을 찾아냈다. 이번에는 그 방법들을 소개해보고자 한다.

전기 요금: 전자 영수증과 자동 납부 신청으로 할인받기

나는 우편함에 공과금 영수증이 꽂혀 있는 것을 보며 자랐다. 당연히 모든 공과금은 우편으로 받고 엄마가 마감일에 맞춰 내는 걸로만 생각했다. 그런데 자취를 시작하고 한전에 전입 신고 방문 예약을 신청하면서 새로운 사실을 알게 되었다.

방문 예약일에 한전 기사님이 집으로 찾아와 작업을 한 뒤 청구서를 어떤 방식으로 받을지를 물어보았다. 정확히 어떤 의미인지 이해가 안 되어 기사님께 다시 여쭤어보니 종이 청구서와 전자 영수증 중에서 선택 가능하다고 알려주셨다. 그러면서 종이 청구서는 인쇄비에 우편으로 보내야 하는 번거로움이 있지만, 인터넷이나 모바일로 전자 영수증을 받으면 그런 비용이 절감되니 이용자에게 할인 혜택을 적용해준다는 내용이었다.

나는 당연히 전자 영수증으로 받겠다고 했다. 월 200원 정도로 할인 금액은 작았지만, 사실 사용량과 납부액만 확인하는데 종이 영수증은 불필요해 보였다. 또 종이 영수증은 모아 두면 공간 차지만 하고, 폐기하려면 개인정보가 적혀 있어서 잘게 찢어서 버려야 했다. 결국 지금까지 전기 사용 내역을 전자 영수증으로 받고 있는데 지금 생각해도 잘한 결정이었다.

내역을 전자 영수증으로 받는 것 외에 전기 요금을 자동이체로 납부하면 추가로 할인을 받을 수도 있다. 자동이체 납부를 신청하면 매월 500원 한도 내에서 0.5% 할인을 받을 수 있다. 자동이체 납부는 할인 금액이 작지만, 납부 기한을 맞춰야 한다는 부담감을 덜 수 있어서 좋다.

전기 요금의 경우 다자녀 가정, 대가족, 출산 가구에게 매월 1만6,000원 한도 내에서 30% 할인을 해주는 복지 할인 혜택도 있다. 한 지인은 아이를 키우며 시어머니와 함께 살고 있는데 매달 복지 할인 혜택으로 1만 원 정도의 할인을 받고 있다. 이런 혜택이 있다는 것을 모르고 있다가 혹시나 해서 신청했는데 생각보다 많이 할인된다고 기뻐했다. 자동 납부 신청이 되어 있는 경우가 많아서 전기 요금을 얼마나 내고 있는지 모르는 사람들도 있는데, 이번 기회에 우리 집은 할인을 받을 수 있는지 확인해보는 계기가 되면 좋겠다.

가스 요금: 가스앱과 가스락 활용하기

여름에는 에어컨 비용, 겨울에는 난방비가 걱정되는 이들이 많을 것이다. 나 역시 비슷한 처지다. 다만 더위보다 추위를 잘 버티는 편이라 겨울 난방비를 절약하는 데 집중한다. 자취를 시작하고 맞이한 첫 겨울에는 난방비가 얼마나 나올지 가늠이 되지 않아 난방을 최소화하려고 노력했다. 하지만 한겨울에 보일러 사용을 너무 자제하면 배관 동파로 더 큰 비용을 지출하게 될 수 있어 기본 온도 이상은 유지했다. 그리고 다른 방법이 더 있는지 찾아보았다.

전기 요금과 마찬가지로 난방비도 가스앱과 가스락을 이용한 할인 제도가 있었다. 비록 지금 내가 살고 있는 대전의 도시가스 업체는 지원하지 않았지만 많은 지역의 도시가스 업체가 참여하고 있었다.

먼저 가스앱으로는 도시가스 사용 내역을 확인할 수 있고 납부나 자가 검침도 가능하다. 신규 가입만으로도 일회성이지만 가스요금 할인 쿠폰을 받을 수 있고, 지인이 가입하면서 추천인에 내 아이디를 입력하거나 자동이체 등을 신청해도 할인 혜택을 받을 수 있다. 여기에 모바일 청구서로 받거나 검침원 방문 없이 자가 검침을 하면 매월 일정 금액의 캐시를 받을 수 있다. 가스앱에서 퀴즈를 풀거나 광고를 보는 등 캐시 리워드 이벤트에 참여하면 캐시를 더 모을 수도 있다.

가스락은 가스앱과 연결되어 있다. 가스앱이 퀴즈를 풀거나 광고를 봐야 하는 것과 달리 잠금화면을 여는 것만으로 캐시가 적립된다. 캐시는 다른 사람에게 선물해도 되고 현금으로 바꿀 수도 있다. 함께 살고 있는 가족이 있다면 휴대폰에 모두 설치해 각자 캐시를 모을 수 있다. 모은 캐시는 공과금을 내고 있는 가족에게 보내 공과금을 납부하거나 현금으로 바꿔도 된다. 가스락 앱에는 자체적으로 다양한 캐시 적립 이벤트가 있어서 소소하지만 확실하게 공과금을 아낄 수 있다. 참고로 가스앱과 가스락은 2가지 모두 활용하면 할인 범위가 늘어난다.

수도 요금: 전자 고지로 할인받기

수도 요금은 각 지자체마다 할인 적용이 다르다. 서울시의 경우 종이 청구서 대신 문자나 이메일, 모바일 앱 등으로 청구서를 받으면 상수도 요금이 1% 감면되고, 내가 살고 있는 대전 지역은 종이 고지서에서 전자 고지서로 변경하면 200원 할인을 해주고 있다. 또한 자동 납부와 전자고지 모두 가입 시 첫 감면 혜택을 받을 수 있다. 다만 종이 청구서와 전자 청구서를 모두 신청 시에는 할인 적용이 불가하다. 참고로 서울시는 월 평균 100만 장의 종이 청구서를 발행하고 있는데, 이는 한 달간 나무 3,300그루를 사용하는 양으로 연 300톤의 탄소가 배출된다.

신청은 120다산콜센터나 사업소 또는 아리수사이버고객센
터에서 할 수 있다. 카카오톡에서 '서울 아리수 본부' 채널을
추가해도 신청할 수 있다.

전기 요금은 전자 영수증과 자동 납부로 나도 작은 금액을
할인받고 있고, 수도세 또한 전자 영수증으로 변경해 200원을
절약하고 있지만 가스 요금은 내가 살고 있는 대전 지역에는
적용되지 않는 내용이다. 그럼에도 공과금도 할인받을 수 있
는 부분이 있음을 알려주고 싶었다. 공과금은 지자체나 국가
에서 정책적으로 할인 적용하는 항목이 생길 수 있으니 주기
별로 검색해보는 것이 좋다.

TIP **공과금 할인 총정리**

공과금 할인		
전기	- 전자 영수증: 200원 할인 - 자동 납부: 500원 한도 0.5% 할인	탄소중립포인트제 사용
가스	- 가스앱/가스락 사용	
수도	- 전자 고지서: 사용 요금 1% 감면(최대 1,000원) - 자동 납부 및 전자 고지 모두 가입 시: 상수도 요금 3,000원 할인(1회) - 전자 고지 : 각 지역마다 상이	

교통비 :
더 이상 고정비가 아니야

직장인에게 고정적일 수밖에 없는 지출 내역 중 하나는 교통
비다. 대중교통을 이용하는 경우 매일 기본 3,000원은 교통비
로 지출된다. 한 달에 주말을 제외한 평균 근무일을 22일로 가
정하면 한 달 교통비만 6만6,000원이고 1년이면 80만 원에 달
한다. 절대 무시할 수 없는 금액이다. 걸어서 출퇴근 가능한 거
리에 살지 않는 이상 교통비는 빠질 수 없는 지출 항목이다. 그
럼에도 교통비를 줄이는 방법을 찾아보면 이런 것들이 있다.

대중교통비 지원 비교

구분	국토부 K-패스	더(The) 경기패스	인천 I-패스	서울시 기후동행카드
사업방식	사후 환급	사후 환급	사후 환급	정기권 (사전 결제)
사용지역	전국	전국	전국	서울
대상	전 연령 (청년 19~34살)	전 연령 (청년 19~39살)	전 연령 (청년 19~39살)	전 연령 (청년 19~39살)
이용 교통수단	전국 전철, 시내버스 (마을버스, 농어촌버스, 신분당선, 광역 버스, GTX 포함)			서울 시내 전철, 버스, 따릉이 (신분당선, 광역버스 제외)
지원 내역	- 월 15회 이상 대중교통 이용시 일반 20%, 청년 30%, 저소득층 53% 환급 (단, 지원 상한은 월 최대 60회)	- 월 15회 이상 대중교통 이용시 일반 20%, 청년 30%, 저소득층 53% 환급 (지원 횟수 제한 없음) - 18살 이하 어린이, 청소년 연 24만 원 한도로 별도 지원	- 월 15회 이상 대중교통 이용시 일반 20%, 청년 30%, 저소득층 53% 환급 (지원 횟수 제한 없음)	- 따릉이 이용 포함 시 월 6만5천 원, 따릉이 제외 시 월 6만 2천 원에 서울 시내 전철, 버스 등 무제한 이용 가능 - 인천, 김포 광역버스, 김포골드라인 등도 포함 예정

K-패스

대전에서 다니던 반려동물 관련 회사는 통근버스가 있어서 교통비 걱정이 없었다. 그런데 2023년 대전 내에서 이직을 하게 되었고, 새로 출근하게 된 회사는 왕복 2시간 이상 버스를 타야 하는 거리에 있었다. 또다시 교통비 지출을 감당해야 했다. 출퇴근을 위해서지만 왕복 교통비를 고정비라고 생각하니 너무 아까웠다. 그래서 교통비를 줄일 수 있는 방법을 부지런히 찾았고 K-패스를 알게 되었다.

K-패스는 앱을 설치하고 관련 카드를 발급받은 뒤 등록만 하면 사용 가능하다. 월 15회 이상 정기적으로 대중교통을 이용할 경우 일반인 20%, 청년층 30%, 저소득층 53% 등 지출 금액의 일정 비율을 다음 달에 돌려받는 식이다. 나는 청년층에 해당되어 30% 할인 혜택을 받을 수 있었다. 한 달 동안 출근하면 1,500원 × 2회 × 22일= 6만6,000원인데 1만9,800원을 돌려받는 것이다.

서울시 기후동행 카드

서울 지역에 거주한다면 서울시 기후동행 카드를 추천한다. 서울 시내에 있는 ①전철 ②버스 ③따릉이(자전거) 사용 여부에 따라 최소 5만5,000원부터 최대 6만5,000원으로 30일간 이용할 수 있다. 버스와 지하철만 이용한다면 5만5,000원(일반형 6만2,000원)의 정기권을 구매해 사용할 수 있고, 추가로 따릉이도 자주 이용한다면 5만8,000원(일반형 6만5,000원) 정기권을 구매해 사용할 수 있다.

서울 내에서 출퇴근하는 직장인이라면 1,500원 × 2회 × 22일 = 6만6,000원의 고정비가 지출된다. 이 경우 기후 동행 카드를 활용하면 최소 1만1,000원의 교통비를 절약할 수 있다. 또한 최소 1일에서 7일간 사용 가능한 단기권(관광권)을 선택해도 된다. 단기권은 선택한 일수만큼 버스와 지하철을 이용할 수 있는데, 해외여행객도 사용할 수 있다는 이점이 있다.

The 경기패스

경기도에 거주하면서 대중교통 이용이 15회 이상이라면 The

경기패스 사용을 추천한다. The 경기패스는 신청일 기준 주민 등록상 주소지가 경기도인 만 19살 이상 경기도민을 대상으로 교통비 환급 및 추가 혜택을 지원하는 교통카드다.

지원 내용은 K-패스와 비슷하지만 더 큰 혜택이 있다. 청년 30% 할인 제한이 K-패스의 경우 19~34살이지만 The 경기패스는 19~39살이다. 또한 K-패스의 경우 월 최대 60회에 한해 교통비가 할인되지만 The 경기 패스는 월 15회 이상 이용시 무제한으로 지원해주어 더 경제적이다. 이용 방법은 K-패스 지원 카드를 발급한 후 K-패스 앱 설치 뒤 카드를 앱에 등록하면 된다.

공공 자전거 활용

요즘은 어느 지역에 가도 공공 자전거 시설이 잘 마련되어 있다. 걷기엔 애매하게 멀고 버스를 타기엔 가까운 거리라면 지역 공공 자전거를 이용하는 것도 방법이다.

공공 자전거는 서울의 '따릉이'를 비롯해 창원시의 '누비자', 대전광역시의 '타슈', 광주광역시의 '타랑께' 등의 이름으로 일부 지역에서 시행하고 있는 자전거 대여 시스템이다. 기본적으로 시간 단위로 대여 가능하며, 지역마다 약간의 차이는 있지만 일반적으로 기본 이용 시간은 1시간이며 1,000원 정도의 이용료가 발생한다. 공공 자전거도 정기권이 있는데 하루, 일주일, 한 달, 일 년 단위로 다양하다. 한 달 기준 5,000원이며 1년 기준 3만 원 정도로 저렴하다.

대여 방법도 간단하다. 해당 지역의 공공 자전거 앱을 설치해 회원 가입을 한 다음 가까운 자전거 대여소에 가서 대여하면 된다. 반납할 때는 처음 대여한 장소가 아닌 반납 장소에서 가까운 곳에 대여소가 있다면 그곳에 가서 반납하면 된다.

나는 대전에서 공공 자전거 '타슈'를 가끔 이용한다. 타슈의 경우 1시간은 무료로 대여할 수 있다. 다만 기본 1시간이 초과하면 이후 30분마다 500원의 추가금이 발생한다. 다음은 현재 운영 중인 전국 공공 자전거를 정리한 표이다.(2024년 8월 기준). 현재 자신이 살고 있는 지역이나 타 지역으로 여행 계획이 있다면 참고하면 된다.

전국 공공자전거 현황

(2024년 8월, 회원 기준)

지역	명칭	금액	정기권
서울	따릉이	시간당 1,000원	7일 3,000원 30일 5,000원 180일 15,000원 365일 30,000원
경기도	에브리바이크	15분당 990원 초과 시 1분당 60원	30일 15,900원 365일 59,900원 (1시간 기준)
대전	타슈	1시간 무료 초과 시 30분당 500원	없음
세종	뉴어울링	90분당 1,000원 초과 시 30분당 1,000원	7일 2,500원 30일 5,000원 183일 20,000원 365일 30,000원
광주	타랑께	1시간 무료 초과 시 30분당 500원	없음
창원	누비자	90분 1,000원 초과 시 30분당 500원	7일 2,000원 30일 4,000원 180일 18,000원 365일 30,000원
보령	달려보령	90분 무료 초과 시 30분당 500원	없음
거창	그린씽	3시간당 무료 초과 시 시간당 500원	30일 3,000원 365일 20,000원
전주	꽃싱이	일일 1,000원	없음
여수	여수랑	2시간당 1,000원 초과 시 30분당 500원	7일 3,000원 30일 5,000원 180일 18,000원 365일 30,000원
순천	온누리	3시간당 1,000원	7일 2,000원 30일 3,000원 365일 20,000원

체험단:
인플루언서만 하는 게 아니야

아낄 수 있는 만큼 아껴야 하지만 사회생활을 하다 보면 돈을
써야 할 때가 있다. 동료들과 모임을 한다거나 업무상 다른 사
람을 만날 수도 있다. 어쩔 수 없이 외식을 해야 하는 상황이
생기기도 하고, 그와 별개로 가끔은 남이 해주는 밥이 먹고 싶
을 때도 있다.

　회사에서 친해진 언니들이 한 달에 한두 번 정도 맛집 투어
를 가자며 나를 끌고 간 적이 있다. 언니들과 친하게 지내고 싶
은 마음도 있어서 같이 갔는데, 많이 시킨 것 같지 않았는데
도 3명 기준 8만 원 정도가 나오곤 했다. 더치페이로 해도 2만
7,000원 정도로 나에겐 부담되는 금액이었다.

당시 나는 1,000원이라도 아껴서 하루빨리 1억 원을 모으겠다고 가열차게 애쓰던 때였다. 그러다 보니 언니들과의 자리가 차츰 부담스러워지기 시작했다. 같이 맛있게 먹고 놀 때는 즐거웠지만 집으로 돌아올 때면 일주일 식비를 한번에 써버렸다는 마음에 불편했다. 그렇다고 나를 생각해서 초대해준 언니들의 호의를 거절할 배짱도 없었다. 이후 몇 차례 자리를 가진 후 나는 약속 핑계를 대고 언니들과의 맛집 투어를 그만두었다.

연애할 때도 비슷했다. 연애 초기에 남자친구를 만나 영화 보고, 밥 먹고, 차 한 잔 마시다 보면 5만 원 내외의 돈이 한꺼번에 지출되곤 했다. 언니들과의 맛집 투어 때처럼 마음이 더 불편해지기 전에 남자친구에게 사실대로 털어놓고 상의했다. 다행히 돈 모으기나 절약에 관해 나와 비슷한 가치관을 갖고 있던 남자친구는 내 이야기에 적극 호응해주었고, 우리는 집밥을 해 먹고 집에서 영화를 함께 보면서 데이트를 하게 되었다.

데이트 비용이 절감되어 남자친구와 나는 매우 만족해했다. 하지만 집밥 대신 외식이나 배달 음식이 먹고 싶은 것처럼 집에서의 데이트 말고 예전처럼 색다른 곳에 가보고 싶은 마음도 있었다. 그러다가 떠올린 것이 블로그 체험단 활동이었다.

당시 나는 유튜브 채널을 운영하고 있었는데, 주로 집밥에 관한 콘텐츠를 제작하고 있었다. 거기에 유튜브 채널 소식과 짠테크 일상을 공유하기 위해 네이버에 블로그를 개설해 운영하고 있었다. 회사를 다니면서 개인 유튜브와 블로그를 같이 관리하고 있어서 블로그는 일일 방문자 수 100명 남짓의 작은 블로그였다.

당시만 해도 나는 블로그 체험단은 하루 방문자 1,000명 이상의 파워 블로거나 인플루언서만 가능하다고 생각했다. 그들이 어떻게 체험단으로 활동하는지 구경하다가 블로거들의 정보 공유 커뮤니티를 알게 되었다. 부러운 마음에 그 커뮤니티에 '블로그 체험단 활동으로 외식비를 아끼고 싶은데 일일 방문자 수가 100명도 안 될 때가 있어서 고민이다.'라는 글을 남겼다.

앞으로 열심히 해보라는 답글을 기대했는데 예상외의 글들이 올라왔다. 일일 방문자 수 100명 미만에 포스팅 수 10개 미만인 블로거도 체험단을 할 수 있다는 내용이었다. '이게 정말 가능하다고?' 하면서 혹시나 하는 마음에 재차 방법을 물어보니 다음과 같은 긍정적인 답변이 돌아왔다.

첫째, 블로그 체험단으로 활동하려면 우선 자신 있는 주제에 대해 꾸준히 포스팅을 하면 된다. 처음에는 글 쓰는 게 어렵

지만 꾸준히 하다 보면 하루에 10분 정도만 투자해도 충분하
다는 것이었다. 그런 식으로 하루에 하나씩 최소 10개 이상의
포스팅이 올라가면 블로그의 특징을 충분히 보여줄 수 있다.

둘째, 블로그 체험단을 할 수 있는 방법은 생각보다 다양하
고 많다. 카카오톡 오픈채팅방, 체험단 전문 블로그, 체험단 전
문 홈페이지와 네이버 카페 등 다양한 플랫폼에 들어가서 자
신의 조건(지역이나 원하는 물건 등)에 맞는 체험단 글을 찾아 신
청하면 된다.

셋째, 비인기 지역이나 인기가 없는 체험, 당첨자가 많은 이
벤트일수록 당첨 확률은 높아진다. 많은 후기를 받기 위해 블
로그의 일일 방문자 수와 상관없이 체험단을 선정하는 곳도
있으니 처음에는 그런 곳을 공략해도 좋다.

다양한 답변들을 보면서 나는 블로그 체험단을 해볼 수도
있겠다는 희망이 생겼다. 그들이 알려준 대로 ①네이버 체험
단 전용 사이트(리뷰노트, 디너의여왕, 레뷰 등) ②체험단 공유 카
카오톡 오픈채팅방(체험단, 네이버 인플루언서로 검색) ③내 지역
위주의 체험단이 올라오는 체험단 블로그(내 지역 + 체험단 블
로그 검색)를 검색한 후 실제로 가능한지 알아보기 위해 참여할
수 있는 이벤트에 모두 신청했다.

며칠 지나지 않아 블로그 체험단에 당첨되었다는 연락이 왔

다. 오리백숙 식당이었다. 한적한 대전에 위치해 있고, 오리백숙이라는 메뉴를 신청한 2030이 없었는지 일일 방문자 수가 100명 정도밖에 안 되는 내가 당첨된 것이다. 첫 체험이라 두근거리는 마음을 안고 남자친구와 함께 식당으로 향했다.

식당에 도착해 블로그 체험단에 당첨되어 찾아왔다고 이야기하니 자리를 안내해주었다. 체험단으로서의 역할을 충실히 하겠다는 마음으로 음식이 나오기 전후의 사진은 물론 틈틈이 영상과 사진을 찍으며 오리백숙을 먹었다. 실제 우리가 그 식당에 방문해 오리백숙을 먹었다면 5만 원이 훌쩍 넘는 가격이었다. 오랜만에 남자친구와 집밥이 아닌 외식을 하며 색다른 데이트를 한 것이다. 그것도 공짜로 말이다.

업체에서는 블로그 체험단에게 사진 개수나 글자 수 등에 관해 기준을 제시하는데 그에 맞춰 후기만 남기면 된다. 나도 그날 집으로 돌아가서 기준에 맞춰 블로그에 직접 찍은 사진과 함께 솔직한 맛 평가를 담은 글을 올렸다. 이후 당첨 확률을 높이기 위해 시간 날 때마다 블로그에 꾸준히 포스팅을 이어나갔다.

블로그에 포스팅을 꾸준히 하다 보니 나만의 노하우도 생겼다. 체험단을 신청할 때 '블로그 후기를 보면 알겠지만 정성을 다해 포스팅하고 있다.'라고 어필했고, 이 말을 증명이라도 하듯 정성을 다해 후기를 작성했다. 수십 장의 사진은 기본이고 강조할 만한 단어나 문구에는 컬러를 넣어가며 신경을 썼다. 그러자 진짜 내 포스팅이 마음에 든 업체들의 연락이 끊이지 않았다.

한번 블로그 체험단으로 활동하고 나니 이후엔 주말 내내 체험단 활동으로 식사를 해결할 정도가 되었다. 예쁜 카페, 맛있는 케이크, 멋진 음식, 생활용품 등 정말 다양한 체험단 활동을 하게 되었다. 덕분에 같이 밥 먹자고 하면 핑계를 대며 자리를 피하려고 했던 회사 언니들과도 갈비를 먹기도 하고, 남자친구와는 수시로 무료 외식을 즐기며 데이트를 했다. 그리고 대전 근처에 살고 있는 지인들과 블로그 체험단 활동으로 같이 식사를 하기도 했다. 1억 원을 모으겠다며 외식은 거의 하지 않던 때와는 완전히 달라진 것이다.

내가 운영하고 있는 네이버 카페에서 블로그 체험단에 관한 이야기를 나눈 적이 있었다. 회원 중에는 블로그 체험단으로 외식은 기본이고, 호텔 숙박까지 해결하며 여행을 다니는 프로도 있었다. 반면 처음 블로그 체험단에 도전하던 나처럼 그런 건 파워 블로거나 인플루언서만 하는 게 아니냐며 도전할 생각조차 못 하는 초보들도 있었다. 그런 이들은 내 경험담을 듣거나 카페의 다른 회원들 이야기를 들은 후 도전해보더니 한 달도 안 되어 블로그 체험단이 되었다고 자랑했다. 블로그에 쓴 글이 6개에 일일 방문자도 50여 명 안팎인 사람이었는데 말이다.

블로그 체험단은 생각보다 어렵지 않다. 업체에서는 블로그 체험단을 홍보라고 생각하기 때문에 조건도 그리 까다롭게 내세우지 않는 경우가 많다. 블로그를 개설하고 일상이나 맛집 탐방, 책, 영화, 드라마, 반려동물, 게임, 투자 등 어떤 주제든 상관없이 6개 정도만 업로드 해보자. 그러면 내가 그랬던 것처럼 생각지 못한 기회가 찾아올 것이다.

블로그 체험단 도전하기

종류	목록
블로그 체험단 사이트	리뷰노트, 강남맛집, 레뷰, 디너의여왕, 놀러와체험단, 포블로그, 미블 등
블로그 체험단	투게더체험단, 라이프체험단, 댓지, 플레이체험단, 다모임체험단, 라이프체험단 등
카카오톡 오픈채팅방	네이버 체험단, 네이버 인플루언서로 검색

생수 말고 수돗물:
수질 검사도 했습니다

나는 수돗물을 마신다. 어렸을 때부터 큰 주전자에 양파 껍질이나 보리, 여주, 귀리 등을 넣어 물을 끓여 마셨던 터라 생수보다는 끓인 물을 더 좋아한다. 겨울에는 따뜻하게 끓인 물이, 여름에는 시원하게 마시는 보리차 한 잔이 나에겐 최고의 음료수다.

자취를 하면서는 사정이 좀 달라졌다. 처음에는 엄마와 살 때처럼 물을 끓여 마셨다. 그런데 매번 물을 끓이고 식혀서 병에 담아 냉장고에 보관하는 게 쉽지 않았다. 쉽고 간편한 다른 방법을 찾아야 했다. 물론 생수를 사서 마시는 게 가장 빠른 방법일 것이다. 하지만 물을 마시겠다고 돈을 지출할 수는 없었다.

하루에 2L의 물을 마신다고 가정하면 가장 저렴한 1,000원 짜리 생수를 산다고 해도 한 달이면 3만 원이나 써야 했다. 물값만으로 1년에 36만 원이나 지출해야 하는 것이다. 여기에 매달 수십 개씩이나 되는 페트병을 배출하고 싶지 않았다.

실제로 우리나라의 경우 1인가구는 생수를, 다인가구는 정수기를 선호한다는 결과가 나왔다. 1~2인 가구 기준으로 생수를 구매하면 매월 약 2만 원, 정수기를 렌탈하면 매월 3만 원의 비용이 발생한다고 한다. 생수든 정수기 렌탈이든 매월 고정비가 발생하는 것이다. 고정비를 늘리고 싶지 않았던 나는 가성비 좋은 브리타 정수기부터 찾아보았다. 브리타 정수기 자체의 가격은 괜찮았다. 그런데 브리타 정수기의 경우 한 달에 한 번은 필터를 갈아줘야 하는데, 소모품인 필터 가격이 내가 생각하기엔 불필요한 소비였다. 브리타 물병을 자주 세척해야 하는 불편함도 있었다.

여러 가지 방법을 찾다가 나는 수돗물을 그냥 마셔보면 어떨까 생각했다. 사실 이전에도 음식을 할 때면 수돗물을 그대로 사용했다. 다만 음식할 때는 끓이는 과정을 거치는지라 별 거부감이 없었다. 하지만 막상 수돗물을 가열 과정 없이 바로 마시려고 하니 고민되었다. 우선 인터넷에서 여러 자료를 꼼꼼히 살펴보았는데 우리나라 수돗물은 바로 음용 가능하다는 내용을 보았다. 꼼꼼히 따져본 후 용기 내어 수돗물을 먹어보았다. 처음에는 수돗물 특유의 향이 살짝 느껴지긴 했지만 크게 거슬리지는 않았다.

그렇게 몇 주 동안 수돗물을 마시던 중 지인들에게 생수 대신 수돗물을 마신다는 이야기를 하게 되었다. 내 얘기를 들은 사람들은 깜짝 놀라며 만류했는데, 수돗물을 그냥 먹는 건 안전하지 않다는 이유에서였다. 사실 우리나라 수돗물은 그대로 음용해도 될 정도로 깨끗하게 관리되고 있지만, 한국인 중 5%만 수돗물을 그대로 음용하고 나머지 95%는 안정성을 의심한다는 조사 결과를 본 적이 있기에 지인들의 반응을 이해할 수 있었다. 수돗물이 정화된다고 해도 물이 지나가는 배관이 노후되면 수질이 오염될 수 있기 때문이다.

수돗물에 대한 안전성을 확실히 확인받고 싶었던 나는 수질 검사를 신청했다. 물사랑누리집(ilovewater.or.kr)에 들어가보니 수질 검사를 신청할 수 있었고, 내가 사는 지역의 수질 정보를 확인할 수 있었다. 나는 우리 집 수돗물을 검사해보고 싶어 바로 신청했다. 수질 검사는 평일 오후 6시까지만 가능하고, 예약자가 많은 경우에는 원하는 날짜에 검사받기 어려울 수 있으니 여유롭게 신청하는 것이 좋다.

수질 검사 날이 되자, 직원 두 분이 집으로 방문했고 검사를 진행했다. 검사 시간은 5분 이내로 아주 짧았으며, 바로 확인할 수 있는 내용은 그 자리에서 결과를 알려주었다. 이후 자세한 검사 결과는 문자와 우편으로 받아볼 수 있었다.

수질 검사는 pH(수소이온농도), 잔류 염소, 탁도, 철, 구리, 아연 등 6가지 항목을 검사하는데, 우리 집은 모든 항목이 기준치 이하여서 식수 기준에 적합하다는 결과를 받았다. 수질 검사를 통해 안전하다는 결과를 들은 나는 이후 안심하고 수돗물을 마시고 있다. 처음 마셨을 때 느꼈던 특유의 향은 잔류 염소로 인한 것인데, 수돗물을 받아서 상온에 2~3시간 정도 놔두거나 끓이면 사라진다. 물론 그냥 음용해도 아무 문제는 없다.

수돗물을 마시게 되면서 지금은 수도세 말고는 돈도 안 쓰고, 공간도 절약되었으며, 쓰레기도 배출하지 않게 되었다. 그렇다고 지인들에게 나처럼 수돗물을 마셔보라고 권하지는 않는다. 가정마다 수도관 노후 정도가 다르고, 지역에 따라 수질 상태도 다르기 때문에 수돗물을 음용하려면 수질 검사부터 해봐야 한다.

다만 생수나 정수기만 고집하는 사람들에게는 다른 삶도 가능하다는 이야기를 하고 싶었다. 수돗물을 마시지 않더라도 우리 집 수돗물이 얼마나 깨끗한지 검사해보면 더 안심하고

마시는 물의 종류에 따른 장단점 비교

	장점	단점
수돗물 마시기	1. 불필요한 페트병이 생기지 않아 쓰레기 절감에 도움된다. 2. 물병 세척의 번거로움이 없다. 3. 수도세 외에 별도 비용이 발생하지 않는다.	1. 잔류 염소 등 수돗물 특유의 냄새가 있다. 2. 온수 사용 시 이용할 수 없다. 3. 날씨에 따라 물의 온도가 다르다.
수돗물 끓여 마시기	1. 불필요한 페트병이 생기지 않아 쓰레기 절감에 도움된다. 2. 수도세, 가스비 외에 별도 비용이 발생하지 않는다. 3. 가열하면서 수돗물 특유의 냄새가 없어진다.	1. 가열 후 식기까지 시간이 걸린다. 2. 물병 세척이 번거롭다.
브리타 정수기	1. 이중 정수로 안전하다. 2. 냉장고 사용이 가능하다. 3. 생수나 정수기 대비 비용이 절감된다. 4. 필터로 정화되어 수돗물 특유의 냄새가 나지 않는다.	1. 온수 사용 시 이용할 수 없다. 2. 정수하기까지 시간이 오래 걸린다. 3. 물병 세척이 번거롭다. 4. 주기적으로 필터 교체 비용이 생긴다.
생수	1. 염소가 제거되어 안전하다. 2. 냉장고에 바로 보관할 수 있어 편리하다. 3. 물병 세척 등 따로 관리가 필요 없다.	1. 매월 생수 구입 비용이 발생한다. 2. 한꺼번에 구입한 생수를 보관하기가 어렵다. 3. 다 마신 후 페트병이 발생해 쓰레기가 쌓인다.
정수기	1. 언제든 바로 사용할 수 있어 편리하다. 2. 수질 면에서 믿고 마실 수 있다. 3. 필터로 정화되어 수돗물 특유의 냄새가 나지 않는다.	1. 매월 렌탈 비용과 전기세가 발생한다. 2. 약정기간이 있다. 3. 일정 공간을 차지한다.

이용할 수 있으니 수질 검사는 한번쯤 신청해보는 것도 좋다. 무료 수질 검사는 물사랑누리집은 물론 해당 지역의 상수도사업본부에서도 신청 가능하다.

기부:
기부도 하고 세액공제도 받고

통장에 돈이 조금씩 쌓이면서 오랜만에 행복했다. 그러면서 나도 베푸는 사람이 되고 싶다는 생각이 들었다. 때마침 식품 관련 쇼핑몰에 50만 원의 포인트가 있었다. 1명당 3,000포인트가 지급되는 쇼핑몰을 유튜브에서 소개한 적 있었는데, 200명 가까운 구독자분들이 가입하면서 포인트가 50만 원이나 쌓인 것이다.

50만 포인트라면 1년 동안 식재료 걱정 없이 지낼 수도 있었지만 애정을 받은 만큼 환원하고 싶었다. 그래서 대전의 한 보육원에 50만 원 상당의 식품으로 기부했다. 담당자분이 감사 인사를 해주실 때만 해도 멋쩍기만 했는데, 내가 보낸 식재료로 요리한 음식을 먹는 아이들의 사진을 보니 정말 잘한 결정이었다고 생각했다. 이후 이 일에 대해 잊고 있었는데, 그해 연말 연말정산 때 기부 덕분에 세액공제를 받았고 내 결정에 대해 다시 한 번 확신을 가질 수 있었다. 사실 절약 생활을 하는 이들에게 기부는 부담스러울 수 있다. 하지만 금전적 부담 없이 기부하고 세금 감면까지 받을 수 있는 방법이 있어 소개하려고 한다.

고향사랑기부제

고향사랑기부제란 개인은 기부하고 싶은 지역에 기부하고, 지자체는 이를 모아 주민 복리에 사용하도록 국가에서 진행하는 제도다. 여기에서 고향이란 주민등록상 거주지(기초+광역)를 제외한 지역 자치단체로, 거주지 외의 모든 지자체에 기부가 가능하다.

기부자에게는 10만 원까지는 전액, 10만 원 초과 금액은 16.5%의 세액공제 혜택이 주어진다. 예를 들어 100만 원 기부 시 10만 원은 전액, 초과분인 90만 원은 16.5%인 14만8,000원이 공제되어 총 24만8,000원을 세액공제 받을 수 있다.

여기에 기부액의 30% 한도 내에서 포인트가 지급되는데 이 포인트를 이용해 기부한 지역의 특산품, 물건, 지역화폐 등을 구매할 수 있다. 예를 들어 전북 진안에 10만 원을 기부했다면 3만 포인트를 받을 수 있는데, 이를 이용해 진안의 특산물인 삼겹살을 구입할 수 있다.

기부 방법은 고향사랑e음(ilovegohyang.go.kr) 홈페이지에 들어가 회원가입 후 기부 정보를 입력하고 원하는 금액을 기부하면 된다. 계좌이체, 신용카드 모두 가능하다. 주의할 점은 답례품 지급 및 기타사항에서 반드시 '답례품을 제공받음'으로 선택해야 포인트가 지급된다. 기부가 완료되었다면 답례품 선택하기를 눌러 원하는 답례품을 선택하면 된다.

고향사랑기부제를 통해 나는 충남 태안에 10만 원을 기부하고 받은 3만 원으로 태안 특산물인 새우를 구매했다. 결론적으로 10만 원을 기부하고 13만 원을 돌려받은 셈이다. 참고로 고향사랑기부제에 기부할 수 있는 연간 상한 금액은 500만 원이다.

헌옷, 물건 기부

돈이 아닌 물건을 기부하고 세액공제를 받는 방법도 있다. 자기가 사용하지 않지만 버리기엔 아깝고 충분히 사용 가능한 옷, 가전, 장난감 등을 기부할 수 있다. 물건을 기부할 수 있는 곳으로는 '아름다운가게'도 있지만 나는 요즘 '굿윌스토어'를 주로 이용한다.

굿윌스토어는 장애인에게 '자선이 아닌 기회를'이라는 모토로 설립된 단체로, 기증된 물품으로 장애인의 일자리를 만들어준다. 굿윌스토어의 취지도 마음에 들었지만 굿윌스토어의 경우 기증받는 물품에 품목 제한이 없는 편이다. 다만 제조된 지 10년 이상 된 물품이나 대형가전, 가구, 전집 등은 안 된다. 당연하게도 오염되지 않고 고장나거나 파손되지 않은 물품만 기증 가능하다.

무엇보다 굿윌스토어의 경우 기부하는 과정이 간단하고 편리하다. 기증 방법은 ①기증함에 넣기 ②방문수거 신청 ③택배수거 신청이 있다.

기증함의 경우 '굿윌스토어 기증함 찾기'를 통해 위치를 확인할 수 있다. 소득공제를 신청하고 싶다면 인수증 양식을 다운받아 물품에 함께 넣어 기증하거나 인수증과 기증 물품을 사진으로 찍어 굿윌스토어 카카오채널에 업로드해도 된다.

방문수거 신청도 간단하다. 우선 기증할 물품을 모아서 수량을 파악해 홈페이지(goodwillstore.org)에서 물건의 종류와 개수를 적는다. 방문 날짜를 지정한 다음 물품은 봉투나 박스에 담아 문 앞에 두면 직접 수거하고, 대략 10일 내외로 기부금 영수증이 발급된다. 다만 방문수거의 경우 50리터 봉투 2개 또는 박스 3개 이상일 때만 신청 가능하다.

택배 수거는 주소지 주변에 굿윌스토어 매장이 없거나 택배가 더 효율적이라고 판단되면 택배 수거를 신청하면 된다.

엄마와 살고 있을 때 물건을 정리한 적 있었다. 당근마켓에 판매한 물건도 있었지만 굿윌스토어에 기증한 물건도 많았다. 택도 안 뗀 옷도 제법 있었는데 의류 40벌, 잡화 10개, 생활용품 12개, 책 8권을 보내고 18만6,000원의 기부금을 정산받았다. 굿윌스토어의 경우 일반 기부로 분류되어 1,000만 원 미만일 경우 15%의 세액공제가 가능한데, 결론적으로 2만7,900원의 세금을 절감한 것이다. 큰 금액은 아니어도 자칫 쓰레기로 배출될 뻔한 물건의 쓰임새를 찾아주어서 다행이었다. 지금도 나는 매년 굿윌스토어를 통해 물건을 기부하고 세액공제를 받고 있다.

4장.

소소하지만 소중한
나의 파이프라인

돈 되는
유튜브

돈을 많이 모으고 싶었다. 남들보다 빨리 경제적 자유를 얻기 위해서는 최저시급을 받는 직장생활만으론 부족했다. 돈이 될 부수입이 필요했다. 그래서 부업을 시작했다. 첫 부업은 햄스터 온라인 쇼핑몰 2군데로, 2년 동안 부업을 해서 한 달에 최소 30만 원 이상의 부수익을 올릴 수 있었다.

돈을 모으다 보니 더 욕심이 났다. 퇴근 후 남는 시간에 할 수 있는 아르바이트를 찾았고 집 근처 호프집에서 6개월 정도 일했다. 호프집은 새벽 2~3시에 끝났는데, 새벽에 집에 와서 잠만 자고 다시 출근하는 일상을 반복했다. 퇴근 이후의 자유 시간을 잠시 포기했지만, 그 덕분에 직장생활을 하면서 2년 동안 번 부수입은 총 2,000만 원 가까이 되었다.

비슷한 시기에 유튜브도 시작했다. 유튜브는 처음부터 수익 창출을 목적으로 하진 않았다. 그때까지만 해도 회사를 다니면서 부업에 아르바이트까지 하느라 여유가 없었다. 다람쥐 쳇바퀴 돌 듯 돈만 벌고 있자니 나 스스로가 소모되고 있다는 생각이 들었다. 바쁜 가운데서도 여유를 찾고 싶어서 취미생활에 눈을 돌리게 된 것이다. 하지만 돈 드는 취미는 하고 싶지 않았다. 돈은 안 들면서도 즐겁게 할 수 있는 게 뭐가 있을까 찾던 중 눈에 들어온 것이 유튜브였다.

오랫동안 햄스터를 키우고 있어서 귀여운 햄스터의 모습을 기록해도 좋을 것 같았다. 그래서 틈날 때마다 내가 키우는 햄스터의 모습을 찍어서 유튜브 채널 '우리집 쥐새끼'에 올리기 시작했다. 2019년 9월에 시작해 틈날 때마다 영상을 올렸더니 1년 후 구독자가 1만4,000명이었고, 2개의 영상은 무려 100억 뷰 이상을 달성했다. 이 채널을 통해 나는 10개월 만에 5,000달러를 벌었는데, 취미로 시작한 유튜브가 뜻하지 않게 수익과 연결된 것이다.

첫 직장을 그만두고 대전으로 내려와 자취를 시작하면서 모든 부업이 끊겼다. 퇴근 시간도 늦어져 아르바이트를 구하기 어려웠고, 집에서 뭐라도 해보려니 8평 남짓의 원룸에서는 무리일 것 같았다. 난생처음 혼자 살게 되어 심심하기도 했고, 퇴근 후에 시간도 많이 남게 되니 뭔가 좀 생산적인 취미를 갖고 싶었다. 그러던 차에 평소처럼 퇴근 후 절약 관련 유튜브를 보고 있는데 영상 속 유튜버가 나와 비슷한 점이 많았다. 그렇다면 나도 이번 기회에 절약하는 일상을 찍어봐도 좋겠다고 생각했고 3일 후 '절약의 달인 자취린이' 유튜브 채널을 개설했다. 그때가 2021년 1월이었다.

첫 영상은 장을 봐 온 식재료로 카레, 된장찌개, 두부김치 등 다양한 음식을 만들어 먹는 브이로그였다. 이후 짠테크로 사는 모습을 공유하고, 무료로 받은 쿠폰으로 음식을 주문하는 모습을 보여주는 브이로그도 올려보았다. 평소 내 모습을 찍어서 올렸는데 신기하게도 채널 구독자가 꾸준히 늘었다. 그리고 1년 지나지 않아서 수익 창출도 일어나게 되었다.

한동안 채널 '절약의 달인 자취린이'에 집중했지만, 회사 업무가 많아지면서 예전만큼 정기적으로 업로드를 하지는 못하고 있다. 그런데도 유튜브 채널을 통해 매달 10만 원에서 30만 원 정도의 수익이 꾸준히 들어오고 있다. 유튜브는 해외 기업이라 수익은 달러로 지급된다. 지금까지 유튜브 채널 2개를 통해 내가 벌어들인 수익은 6,500달러, 대략 800만 원 정도다.

유튜브 수익은 영상 조회수 수익이 전부가 아니다. 다양한 광고가 들어오기도 하고, TV 프로그램에서 유튜브를 보고 촬영 요청이 들어오기도 한다. 다른 유튜브 채널에서 출연 제안을 받기도 했으며 신문사에서 취재 요청을 받기도 했다. 수익 면에서는 방송 출연료를 받았던 것이 가장 인상적이었다. 어른들이 땅을 파도 10원 하나 안 나온다고 하는데 방송 출연료를 받다니 신기하기만 했다. 타 유튜브 채널이나 신문사 인터뷰는 수익에는 도움이 되지 않았지만 나를 더 알리는 계기가 되었다. 취미로 시작한 유튜브가 월급 외에 다른 파이프라인이 된 것이다.

지금 유튜브 세상은 춘추전국시대다. 부수입을 위해 혹은 개인 브랜딩을 위해 유튜브를 시작한 사람들이 많아졌기 때문이다. 유튜브를 시작하면 누구나 구독자를 많이 모으고 수익을 창출할 수 있다고 장담할 수는 없다. 하지만 시작해보기도 전에 자신 있는 주제도 없고, 영상 편집을 해본 적도 없으며, 재미가 없어서 구독자도 모으지 못할 거라고 기운 빠지는 소리를 하는 이들이 있다.

나도 별다르지 않았다. 영상이나 유튜브와 관련된 강의를 한 번도 들은 적이 없었고, 학원을 다닌 적은 더더욱 없었다. 단지 관심 가는 주제가 있으면 유튜브 영상을 찾아보면서 관련 내용을 꾸준히 익혔다. 유튜브 영상 제작도 유튜브를 보고 배우면서 만들었다. 원래 능력이 있었거나 기술이 뛰어난 상태에서 시작한 게 아니라는 뜻이다.

무엇이든 새로운 것을 배우는 데는 시간과 노력이 필요하다. 누구나 알고 있는 사실이지만, 시간과 노력이라는 투자 없이 결과만 바라기 때문에 시작하지 못하는 것이다. 새로운 것을 만들어내기 위해서는 지금부터라도 시간과 노력을 투자해야 한다. 그게 공부든 부업이든 마찬가지다.

참고로 나는 온라인 부업으로 유튜브에 도전했지만, 티스토리 블로그 애드센스나 네이버 블로그 애드포스트 등을 활용하는 이들도 많다. 인스타그램에서는 인플루언서들이 공동구매를 진행하거나 릴스를 만들어 수익을 창출하는 경우도 있다. 블로그나 SNS에서 콘텐츠 크리에이터로서 콘텐츠를 제작하거나 체험단 등으로 제품을 무상으로 받는 것도 온라인에서 할 수 있는 파이프라인 중의 하나다. 그렇다면 "어떤 온라인 부업을 해봐야 할까요?"라고 묻는다면 답은 정해져 있다. 일단 어떤 것이든 직접 해보라. 그리고 자기가 가장 효율적으로 잘할 수 있는 것으로 선택하면 된다.

프로 적금러의
투자 도전기

"돈을 모아두기만 해서는 돈을 벌 수 없다. 투자를 통해 돈이 돈을 벌어오게 해야 한다." 재테크 공부를 시작하면서 많이 들었던 말이다. 나도 시드머니가 쌓이면 투자를 해보고 싶다고 생각했다. 하지만 투자나 재테크에 대해 잘 모르는 내가 처음부터 성공할 리는 없지 않겠는가. 투자를 통해 돈이 돈을 벌어오게 하겠다는 내 계획은 아직까지 큰 성공을 거두지는 못했지만, 내가 직접투자를 해본 경험이 누군가에겐 도움이 되지 않을까 하여 꺼내본다. 물론 투자는 시장 상황이나 투자 종류에 따라 수익 등이 다를 수 있으니 참고만 하면 좋겠다.

2018년, 복권

막 20살이 되던 해의 일이다. 친구와 만나기로 했는데 약속 장소에 30분이나 일찍 도착했다. 처음 가본 동네라 신기해하며 주변을 두리번거리는데 내 눈에 띄는 가게가 있었다. 바로 복권 판매점이었다. 내 인생에 불로소득은 없을 거라고 생각하고 있었지만 괜한 호기심이 생겼다. '로또 1등 당첨된 집'이라는 현수막을 보는 순간 왠지 당첨의 기운이 느껴지는 것 같았다. 약속 시간보다 일찍 도착한 것도, 생판 모르는 동네에서 복권 판매점을 발견한 것도 나에게 행운의 기운이 오려고 그랬던 것이라는 생각까지 들었다.

결국 나는 복권 판매점으로 들어갔고 복권 용지를 집어 들었다. 이번 기회에 내 행운을 시험해봐야겠다고 생각했다. 매장 안쪽의 테이블에서 골똘히 고민하면서 복권 용지에 6개 숫자를 체크했다. 다시 한 번 숫자를 확인하고 판매원에게 종이와 체크카드를 내밀었다. 그런데 판매원이 심드렁한 말투로 대꾸했다.

"로또는 현금만 가능합니다."

복권은 현금으로만 구매 가능하다는 것을 그때 처음 알았다. 너무 민망하고 당황해서 "죄송합니다."라고 말한 뒤 현금인

출기를 찾으러 밖으로 나왔다. 내가 필요한 돈은 단돈 1,000원이었다. 그런데 1,000원을 인출하려고 보니 출금 수수료가 1,200원이었다. 지금의 나라면 절대 출금하지 않았을 테지만 당시엔 로또를 사야 한다는 생각뿐이었다. 결국 2,200원으로 1,000원짜리 로또 한 장을 구매했다.

이후 며칠을 복권 추첨을 기다리면서 두근대며 설렜다. 1등 당첨의 순간을 떠올리며 혼자 흐뭇해하기도 했다. 사람들이 복권을 사서 추첨일까지 지갑에 넣고 다니면 괜히 기분 좋아진다는 게 이런 느낌이구나 싶었다. 그리고 추첨일 복권 당첨번호를 확인했다. 결과는 역시나 꽝이었다. 혹시나 하는 기대감이 있었지만 내 행운은 다른 큰 곳에서 터지려나 보다 하고 마무리했다.

비록 단돈 1,000원이었지만 복권 구매가 나에겐 첫 투자나 다름없었다. 1,000원짜리 복권을 사려고 2,200원을 쓴 나의 첫 투자는 처음부터 잘못된 선택이었다. 하지만 후회는 하지 않는다. 오히려 다행이라는 생각을 한다. 그때의 경험을 통해 더는 로또를 사지 않았고, 너무 큰 수익률을 노리면서 욕심을 부리면 안 된다는 깨달음도 얻었기 때문이다.

2018년, 주식투자

복권이라는 첫 투자를 지나 그해에 나는 주식투자를 접하게
되었다. 당시 나는 주식투자에 대한 아무런 정보가 없었다. 단
타, 장타, 차트 등의 용어에 대한 의미만 아는 정도였다. 그런
데도 주식투자에 도전한 이유는 단 하나였다. 바로 '경험'을 쌓
기 위해서였다. 성인이 된 후 여러 가지 경험을 해보고 싶었던
나는 투자 관련 경험도 해보고 싶었다.

투자 금액은 10만 원이었다. '고작 10만 원이라고?' 생각할
수 있다. 하지만 나는 10만 원을 100만 원이라 여기고 투자했
다. 문제는 삼성이나 애플 같은 대표 주식이 아니라 사람들에
게 귀동냥으로 들은 '오른다더라.' 혹은 '좋다더라.' 하는 주식
을 매수하기 바빴다. 심지어 주식 1주 단가가 100원 정도 되
는, 누군가가 '금액이 얼마 안 되고 귀여워서 재미 삼아 담아
봤어요. 이런 건 그냥 재미로만 하세요.'라며 흘린 주식을 나도
똑같이 매수했던 기억이 있다.

결과는 뻔했다. 운 좋게 오른 종목도 있었지만 바닥으로 곤
두박질치는 종목이 더 많았다. 매 시간마다 빨간색, 파란색을
오가는 주식을 보면서 참지 못하고 손절하기도 했다.

그렇게 한 달 정도가 지났다. 내 멘탈은 너덜거렸고 투자 금

액인 10만 원도 너덜거렸다. 아니 반 이상은 너덜거리다 못해 사라져 있었다. 이런 결과를 어느 정도 예상했지만 주식투자도 확실히 공부하고 시작해야겠다는 것을 다시 한 번 배웠다.

2022년, 코인 투자

그 후 2022년에 나는 코인을 접하게 되었다. 한창 코인 시장이 상승세를 타던 때였고, 경험 삼아 100만 원으로 몇 가지 종목의 코인을 매수하기 시작했다. 매수라는 단어를 쓰긴 했지만 사실은 줏대 없는 투자였다. 수익률은 몇 분마다 30%를 오르내렸고, 어느 시점에 사고팔아야 하는지도 가늠하기 어려웠다. 손해를 보기도 쉽지만 빠르게 이익을 볼 수도 있는 시장 상황이라 1분 만에 70% 수익이 난 적도 있었다.

그렇다고 수익률이 높지는 않았다. 총 투자 금액이 100만 원이었고, 그마저도 분할 투자를 했던 터라 10만 원의 투자 원금에 수익이 7만 원이었다. 순간 '이 종목에 100만 원을 투자했다면 지금쯤 70만 원을 벌었을 텐데…' 하는 생각이 들었다가 정신을 차렸다. 다행히 투자 원금 100만 원은 잘 지켰고 약간의 수익도 맛보았다. 하지만 그 과정에서 혹시라도 원금을 잃게 될까 봐 마음 졸였던 것을 생각하면 함부로 도전해서는 안 되겠다는 생각을 했다. 무엇보다 누가 얼마를 투자해서 얼마를 벌었다는 소문만 듣고 공부도 하지 않은 채 투자해서는 안 된다는 것을 깨달았다.

2022년, NFT 민팅

코인 투자 이후 100만 원으로 할 수 있는 다른 투자를 찾아보다가 시작한 것이 NFT였다. NFT란 Non-Fungible Token의 약자로, 대체 불가능한 토큰이라는 뜻이다. 고유성과 희소성을 가진 디지털 자산을 대표하는 토큰으로 블록체인에 기반한 일종의 디지털 수집품이다. 처음 NFT 세계를 접했을 때 각종 메타버스 게임, 그림과 영상 등 디지털 세계의 작품에 투자 가치가 있다는 사실이 신기하기만 했다. 한편으로는 그동안 알고 있던 투자와는 결이 달라 낯설기도 했다.

　NFT을 하다 보면 '민팅'이라는 단어를 자주 접하게 된다. 민팅은 '주조한다.'라는 의미의 'Minting'에서 유래했는데, NFT 발행사가 처음으로 시장에 작품을 내놓거나 투자자가 그 작품을 구입하는 것을 뜻한다. 그래서 NFT 민팅은 'NFT를 구매했다.' 또는 'NFT를 판매하고 있다.'라는 의미로 사용된다. NFT 민팅은 선착순으로 진행되는데 민팅에 성공하면 대부분 내가 민팅한 금액보다 더 높은 금액으로 거래할 수 있다. 공모주 주식과 비슷한 셈이다.

나는 다양한 민팅에 도전해 실패했지만 운 좋게 성공해 비싼 가격에 되판 경우도 있었다. 한두 번의 민팅으로 큰 금액은 아니지만 재테크가 이루어졌고 그 과정이 신기하기만 했다. 특히 NFT의 경우 구매에서 끝나지 않고 그 안에 다양한 혜택이 있다는 점이 매력적이었다. 예를 들어 나는 롯데에서 발행한 '벨리곰'을 보유하고 있는데, 등급마다 다르지만 벨리곰 보유자에게 매달 현금처럼 사용할 수 있는 5,000포인트가 지급된다.

나는 NFT 보유자 혜택으로 롯데월드 야간 개장 시간에 방문해 놀이기구를 타고, 다이나믹 듀오 콘서트에도 참여했다. 또 롯데시네마 영화 티켓도 지급되어 한동안은 이 티켓으로 매번 공짜 영화를 보기도 했다. 매년 여름마다 진행하는 워터밤도 워터밤 NFT 민팅을 통해 15만 원이 넘는 티켓을 3장이나 무료로 받았다.

가장 기억에 남았던 건 신세계백화점 내의 멤버스 라운지를 이용한 것이다. 지인이 보유한 푸빌라 NFT 혜택으로 가게 되었는데 백화점과는 또 다른 새로운 세상이었다. 라운지에서 우리는 음료와 디저트를 주문한 뒤 이야기를 나누며 시간을 보냈다. 주위를 둘러보니 적지 않은 사람들이 있었다. 그곳 멤버스 라운지는 백화점에서 매년 2,000만 원 이상 구매 이력이 있는 골드 등급 고객만 이용할 수 있다고 했다. 그 이야기를 들으니 앞으로 더 부지런히 돈을 모아야겠다는 생각이 들었다. 한번씩 동기부여가 필요할 때는 호텔 커피숍이라도 가보라는 말을 책에서 본 적 있는데, 그 말의 의미를 충분히 이해할 수 있는 시간이었다.

2022년, 미국 주식 소액 투자

이후 나는 단기성 투자를 뒤로하고 소액 적립식 주식투자에 도전해보기로 했다. 그런데 누구나 알 만한 기업의 주식들은 1주당 5~50만 원 정도의 큰 금액이라 시작하기가 부담스러웠다. 본격적으로 주식투자를 하기 전에 경험 삼아 작은 금액으로 해보고 싶었는데 방법이 없어 고민하고 있었다.

그러다가 '짠순짠돌 정보 공유' 카페의 절약 회원들과 이야기를 나누던 중 '소수점 투자'라는 것을 알게 되었다. 내가 주식투자를 해보고 싶은데 주당 가격이 너무 비싸서 못 하고 있다고 했더니 한 회원이 소수점 투자 앱을 추천해준 것이다.

소수점 투자란 주식을 주 단위가 아니라 금액 단위로 사는 것, 다시 말해 주식을 1주씩 사는 게 아니라 1,000원, 1만 원 등 금액 단위로 구매할 수 있는 주식 투자 방법이다. 예를 들어 1만 원으로 15만 원 하는 엔비디아 주식을 산다면 약 0.06주를 사는 것이다. 국내와 달리 비싼 종목이 많은 해외 주식의 경우 소수점 매매를 활용하는 투자자들이 많다고 했다. 자금이 부족하고 경험이 많지 않은 나에게 딱 맞는 방법이었다.

나는 여러 앱을 알아보다가 '미니스탁'에 정착하게 되었다. 거래 금액 1만 원 이하일 때는 월 10건까지 거래 수수료가 무료인 점에 끌렸다. 그래서 매달 5만 원으로 금액을 정해두고 5개의 주식을 1만 원 단위로 매수해보기로 했다. 일회성으로 끝나지 않도록 카페 회원 3명과 함께 1년 동안 꾸준히 투자하고 서로의 수익률을 공유하기도 했다.

소수점 투자를 통해 나는 리스크를 최소화하면서 배당 수익까지 받는 신기한 경험을 했다. 큰 수익률은 아니었지만 이후 주식시장에 꾸준히 관심을 갖게 된 계기가 되었다. 지금은 관련 기사를 읽으면서 주식시장의 흐름도 공부하며 월 10만 원으로 증액해 투자를 이어가는 중이다. 아직은 소액 투자인 데다 주식시장을 꿰뚫어보는 안목이 있는 것은 아니지만, 주식이라는 새로운 투자법을 경험한 것이 나에겐 큰 자산이다.

2023년, 도로 공매 투자

아파트 청약 당첨 후 투자의 발을 넓혀가던 중 도로 공매 투자를 알게 되었다. 사실 도로 공매 투자에 대해서는 아는 바가 하나도 없었고 투자자가 이렇게 많은 줄도 몰랐다. 도로 공매 투자는 재개발이나 재건축이 유력해 보이는 지역의 작은 도로를 매수해 시세 차익을 얻는 투자다. 토지에 투자하는 것이다 보니 별다른 세금이 부가되지 않는다는 장점과 지분 투자 시 100~300만 원의 적은 투자금으로도 투자가 가능하다는 특징이 있다.

내가 처음 투자에 참여한 도로는 서울 강북구 미아동에 있는 작은 도로였다. 나를 포함해 5명이 투자에 참여했고 나의 투자 금액은 170만 원이었다. 그다음으로 경기도 고양시 덕양구에 있는 도로에 130만 원을 투자하고 5개월 정도가 지난 어느 날이었다. 미아동에 투자를 함께했던 한 분이 지분을 포기했다는 소식을 들었다. 나는 즉시 그지분을 추가로 매수했다.

해당 토지에 재개발이 진행되면 입주권이 나오기 때문이었다. 더 큰 시세 차익을 얻을 수 있는 조건이라 판단해 추가 매수를 한 것이다.

그로부터 7일 후 미아동 재개발 소식이 들려왔다. 물론 재개발이 진행되려면 6~7년 이상이 걸린다. 하지만 시간이 지날수록 그 땅의 가격은 오를 것이라고 확신한다.

2024년, ISA 투자

2022년 이후 나는 미니스탁을 통한 소수점 거래를 제외하고 별다른 투자를 하지 않았다. 그동안 내가 하던 투자는 투자라고 하기에도 애매해서 시드머니를 충분히 만들고 공부한 뒤에 제대로 된 투자를 하고 싶었다.

그런데 투자 공부를 하다 보니 어느 순간 나는 이미 충분히 투자할 수 있는 시드머니가 있었다. 그러면서 1억 원 모았을 때, 아니 5,000만 원 모았을 때부터 꾸준히 월 적립 투자를 했더라면 자산 증가 속도가 더 빨라지지 않을까 하는 생각이 들었다. 여기까지 생각이 미치니 더는 절약과 저축에만 매달릴 수 없었다.

처음 돈을 모으겠다고 결심한 뒤 밤낮 가리지 않고 예·적금을 공부할 때처럼 나는 ISA에 관해 공부했다. 대부분의 이론이 이해될 때쯤 계좌를 개설하고 투자를 시작했다. 물론 이전처럼 투기에 가까운 투자와는 거리가 멀었다. 안전한 ETF 상품을 몇 개 추려 매월 월급이 들어오는 날 월 적립 매수를 통해 적금처럼 투자를 계속 이어가고 있다.

프로 적금러였던 나는 어느 순간부터 적금에만 매달리지 않고 새로운 투자에 도전하고 있다. 물론 새로운 투자를 하려면 충분한 공부가 필요하다. 앞으로 나는 다양한 분야의 재테크 방법을 공부하면서 현명한 투자자로 거듭나고 싶다.

24살 아파트 청약
최연소 당첨자가 되기까지

1억 원이라는 종잣돈을 모으고 투자에 관심을 갖게 되면서 나는 임장을 다니기 시작했다. 임장을 다니면 다닐수록 탐나는 집이 많았지만, 그런 집들은 한결같이 내가 가진 자금으로는 턱도 없는 수준이었다. 아파트 가격은 하늘 높은 줄 모르고 치솟다가 잠시 주춤하기도 했지만 여전히 가격을 생각하면 한숨이 나왔다. 계속 오르던 아파트 가격이 약간의 하락세로 접어들 때면 더 내려가지 않을까 기대하면서도, 그렇다면 지금 시기에 사는 게 과연 옳은 걸까 계속 고민되었다.

그렇게 한동안 임장을 다니다가 부동산 매매에서 눈을 돌려 아파트 청약을 알아보게 되었다. 하지만 아파트 청약 역시 내가 다가가기엔 너무 높은 산처럼 보였다. 청약 공고가 올라오는 아파트 대부분이 내 월급으로는 대출금을 감당하기 힘든 가격이었다. 근처에 모델하우스가 오픈된다는 소식을 듣고 다녀왔는데, 분양가가 6억 원이라는 이야기를 듣고 숨이 턱 막히는 것 같았다. 설령 운이 좋아 아파트에 당첨된다고 해도 매달 200만 원이나 되는 대출금을 갚아나가야 했다. 당시 한 달에 200만 원을 버는 나로서는 감당할 수 없을 것 같다는 생각이 들었다.

물론 이 모든 것들은 청약에 당첨된 이후의 고민이다. 사실 청약에 당첨되기란 보통 어려운 일이 아니다. 흔히 아파트 청약을 점수 싸움이라고 하는데 일반공급의 경우 청약 점수 70~80점은 되어야 노려볼 수 있었다. 그나마 70~80점이 되려면 결혼해서 자녀가 2명 이상이면서 청약에 가입한 지 20년이 넘어야 가능한 점수였다. 가입 기간은 10년이 지났지만 24살에 미혼 여성인 내가 비집고 들어갈 틈은 없어 보였다.

결국 나는 일반공급은 제쳐두고 특별공급을 노려보기로 했다. 인터넷을 뒤지며 자료를 찾고 공부했는데 특별공급도 결코 만만치 않았다. 그나마 생애 최초 특별공급을 기대해봤지만 아쉽게도 기혼자만 신청 가능했다. 이쯤 되니 아파트 청약도 내가 할 수 있는 영역은 아닌가 싶어 다시 집을 보러 다녔다. 본가가 위치한 경기도와 대전을 약간 벗어나도 앞으로 발전 가능성이 있는 곳들을 둘러보았다.

그러다가 경기도 평택에 아파트가 들어온다는 소식을 듣고 부동산 관련 이야기를 자주 나누던 P와 함께 가보기로 하고 약속을 잡았다. 평소처럼 회사에서 일하고 있는데, 내가 활동하던 대전 부동산 채팅방에서 회원들이 나를 급히 찾기 시작했다. 이 채팅방은 부동산에 관해 아무것도 모르지만 내 집이 갖고 싶어 참여했던 곳으로, 회원들은 나의 어설픈 첫 임장기와 TV에 출연한 모습까지 모두 알고 있었다. 각종 유용한 생활 정보나 급매물 정보 등을 공유하던 채팅방에서 나를 찾는다고 하니 궁금했다.

나는 무슨 일인가 싶어 채팅방에 급히 들어가보았다. 대전에 괜찮은 아파트 청약이 나왔는데 나에게 특별공급으로 신청해보라고 했다. 다른 사람도 아니고 왜 나일까 싶었다. 더구나 나는 자격도 안 되는데 말이다.

"말씀은 감사한데 제가 특별공급은 자격이 안 되더라고요. 다음 날에 일반공급으로 넣어볼까 합니다."

나는 괜한 기대감을 접고 짧게 대답했다. 그러자 채팅방에 있던 회원들이 다시 독촉했다.

"아닙니다. 가능합니다. 특별공급 중에 생애 최초 1인가구 특별공급으로 넣으면 되세요. 오늘까지가 특별공급 신청 기간이니까 꼭 넣어보세요."

나는 아파트 청약에 대해 알아봤지만 '1인가구 특별공급'이라는 건 처음 들어보았다. 일단 감사의 인사를 한 다음, 잠깐 일을 제쳐두고 1인가구 특별공급에 대해 알아보았다. 내가 청약에 대해 알아보기 시작한 때가 2021년 12월이었는데, 그해 11월부터 미혼 1인가구도 청약에 참여할 수 있는 특별공급 기회가 생겼던 것이다. 정보가 거의 없었던 나는 그 사실을 모르고 있다가 부동산 채팅방을 통해 처음 알게 되었다. 나보다 더 전문가들의 조언이니 확실한 정보였고 다시 꼼꼼히 찾아보았다. 역시 내 경우 생애 최초 1인가구 특별공급 자격 조건에 부합했다.

나는 얼른 청약 홈페이지에 들어가 모집 공고문과 아파트 타입 등을 꼼꼼히 살펴보았다. 한참을 알아본 후 나는 구조가 가장 좋은 A 타입으로 신청했다. 특별공급 청약은 타입에 상관없이 무작위 추첨이었던 터라 행운의 여신을 믿어보자는 마음이었다. 나의 첫 청약 신청이었다. 혹시라도 잘못 입력하지 않았을까 마음 졸이며 정보를 입력하고 점검하고 또 점검했다. 그리고 드디어 최종 신청 버튼을 눌렀다.

그날 이후 나는 거의 매일 아파트 홈페이지에 들어가 구조나 주변 입지를 살펴보았다. 당첨되면 좋겠다는 간절한 마음도 잠시, 설마 내가 될까 하며 뜬구름 잡지 말자고 스스로를 타이르기도 했다. 그러면서 나중에 청약 당첨이 안 되면 실망하게 될지도 모르니 다시 현실에 굳건히 발을 딛자는 마음으로 평택 임장 날을 기다리고 있었다.

그날은 좀 이상했다. 나는 원래 아침잠이 많은 편이라 일찍 일어나는 게 힘든 편이다. 출근을 위해 아침 시간이면 5분 간격으로 알람을 2~3개는 맞춰야 한다. 그런데 청약 발표날은 긴장감과 설렘 때문인지 아침 알람이 울리기도 전에 눈을 떴다. 휴대폰 메시지가 온 것이다. 평소 같았으면 휴대폰 메시지 알림음은 가볍게 무시했을 텐데 왜인지 그날은 바로 확인해야 할 것 같았다. 휴대폰을 켜고 메시지 화면을 열었다.

"곽지현 님, ○○○아파트 청약에 당첨되셨습니다."

어머나! 세상에 당첨이라니! 나는 바로 자리를 박차고 일어났다. 떨리는 마음을 진정시키면서 컴퓨터를 켜고 청약 홈페이지에 들어갔다. 꿈이 아니었다. 나는 생애 처음으로 신청한 청약에 바로 당첨된 것이다! 그날 아침은 무슨 정신으로 준비하고 출근했는지도 기억나지 않는다. 꿈인지 생시인지 오전 내내 계속 헛웃음만 나왔다. 나는 부동산 채팅방에 당첨 소식을 알리고 사람들에게 다시 한 번 감사의 인사를 전했다. 당첨 발표되고 바로 서류 접수를 해야 한다며 사람들은 진심으로 응원하고 축하해주었다.

사람들의 말대로 서류 접수는 당첨 발표 이틀 뒤부터였다. 청약에 당첨만 되면 끝인 줄 알았는데 서류 준비 기간은 짧았고 챙겨야 할 서류도 많았다. 신분증, 주민등록등본, 주민등록초본, 가족관계증명서, 출입국에관한사실증명, 인감도장, 인감증명서 등의 서류들을 모두 준비해 모델하우스에 직접 가서 제출해야 했다.

서류 검수는 당첨자 발표일로부터 정당계약 기간 전까지 진행되는데 이 과정에서 부적격 여부를 판정한다. 주택 소유나 부양가족 수, 가점 항목, 중복 당첨 등 말 그대로 부적격 요소가 있는지 확인하는 것이다. 부적격이 발견되면 최대 10년 동안 청약이 제한되니 조심해야 한다.

나는 혹시 서류를 제대로 챙기지 못하면 청약이 취소되는 건 아닌가 걱정되었다. 그래서 서류를 준비하는 내내 주위 사람들에게 묻고 또 물었으며, 청약된 아파트 쪽에도 전화하면서 꼼꼼히 체크했다. 다행히 평택 임장을 함께 가려고 했던 P가 일정을 취소하고 서류 준비를 하나하나 도와주었다. 서류 접수 당일에 준비한 서류를 검토받고 나가려는데, 한 분이 당첨 축하 인사를 건넸다. 해당 아파트 분양 관계자분이었는데 방송을 통해 나를 보았다며 진심으로 축하해주었다. 앞으로 더 열심히 살아야겠구나 싶었다.

P는 다음 주에 있을 정당계약 준비도 도와주었는데, 정당계약일에는 ①전산수입인지 ②자금조달계획서 ③계약금 납입증명서가 필요했다. 정당계약은 내 집이라는 도장이 찍힌 공급계약서를 받는 날인데, 이때도 모델하우스에 직접 방문해야 했다.

나는 전산수입인지라는 것을 정당계약을 준비하면서 처음 알았다. 분양가와 선택한 옵션에 따라 금액이 달라지는데, 내 경우 부동산 금액이 1억 초과 10억 원 이하에 해당해 인지세로 15만 원이 들었다. 거금 15만 원을 내고 받은 건 종이 한 장이었다. 당시 나는 인지세 개념을 잘 몰라서 종이 한 장 가격이 비싸다고 생각했다. 그런데 인지세란 아파트 분양권을 받으면 재산상의 권리를 부여받고 이를 증명하기 위한 '종이 한 장'이라 그만큼의 가치가 충분했다.

다음으로 자금조달계획서는 주택을 구입할 때 자기 자금인지, 아니면 누군가에게 빌려서 혹은 남의 돈이 들어갔는지를 보여주는 것이다. 비규제지역의 경우 주택 구입 가격이 6억 원

이하이면 자금조달계획서를 따로 작성하지 않는다. 하지만 내가 청약에 당첨되었을 당시 대전 지역은 조정대상지역으로 분류되어서 자금조달계획서도 작성해야 했다.

계약금 납입증명서는 말 그대로 계약금을 냈다는 것을 증명해주는 서류다. 서류 접수가 끝나면 정당계약일 전까지 아파트 분양가와 옵션, 확장비 등을 모두 포함한 전체 금액의 10%를 계약금으로 납부해야 한다. 나는 계약금 3,800만 원을 납부하고 계약금 납입증명서를 발급받았다.

계약 당일, 버스를 타고 접수처에 도착해 번호표를 뽑고 기다렸다. 빈 의자에 앉아 주위를 둘러보니 아파트에 당첨된 사람들로 북적였다. 온 가족이 함께 온 집도 있었고, 어린 자녀를 안고 온 젊은 부부와 신혼부부처럼 보이는 이들도 있었다. 혼자 온 사람은 나뿐인 것 같았다. 차례가 되어 준비해간 서류를 내밀었더니 직원이 나를 보며 감탄했다.

"와, 99년생이네요! 계약서는 내일까지인데 현재로서는 최연소 당첨자입니다. 저는 그 나이에 뭘 했나 모르겠네요. 정말 대견합니다. 축하드려요."

최연소 당첨자라니! 행운의 여신이 이번에는 확실히 행운을 선물해준 것 같았다. 그러면서 지난 시간들이 스쳐 지나갔다. 19살에 최저시급을 받으면서도 아껴 쓰며 적금을 들었던 일,

더 좋은 일자리를 찾아 대전에 와서 1년 넘게 자취한 일, 내 집 마련을 하겠다며 부지런히 임장을 다녔던 일, 그리고 고마운 분들 덕분에 처음으로 청약에 넣고 당첨된 지금 이 순간까지.

사실 내가 아파트 청약에 당첨된 것은 모든 노력의 합산물이었다. 어릴 때부터 꾸준히 청약통장을 보유했고, 19살 때부터 일을 시작해 5년 동안 소득이 있어야 한다는 조건도 채울 수 있었다. 대전 지역의 경우 85제곱미터는 예치금 250만 원 이상이어야 하는데 다행히 310만 원 예치라 청약 조건 1순위가 될 수 있었으며, 때마침 2021년에는 전체 분양 물량의 30%를 생애 최초 1인가구 추첨제로 뽑는다는 개선안이 발표되었다. 어느 조건 하나 중요하지 않은 게 없는데, 우연과 필연으로 나는 이 모든 조건들을 충족했기에 아파트에 당첨될 수 있었다. 그것도 1차 분양에서 완판한 아파트를 말이다. 생각해보면 아파트 청약 당첨은 그동안 열심히 살아온 나에게 행운의 여신이 준 근사한 선물이 분명하다.

개인 브랜딩을 통한
협업

'절약의 달인 자취린이' 유튜브는 대전으로 내려오면서 시작했는데 SBS 〈생활의 달인〉에 소개되고 각종 신문 기사 등에 나에 관한 이야기가 알려지면서 더 많은 사람들이 찾아와주고 응원해주는 공간이 되었다. 자취 생활하는 20대의 내 모습은 다른 사람들과 별 다를 바가 없다. 다만 절약하고 아끼기를 좋아하는 내 모습을 보며 다양한 방송사와 유튜브 채널 등에서 출연 요청을 해오기 시작했다. KBS 〈아침마당〉과 〈해볼 만한 아침〉, YTN의 〈황금나침반〉, 〈연합뉴스TV 스페셜〉 등에 출연했고, 다양한 유튜브 채널에도 소개되었다. 그러면서 나는 자연스럽게 '곽지현'이라는 나만의 브랜딩을 구축할 수 있게 되었다.

유튜브 채널 중에는 뱅크샐러드와의 협업이 기억에 남는다. 〈생활의 달인〉에 출연했을 당시 오래 사용해온 뱅크샐러드 앱으로 내가 모은 자산과 가계부를 보여주었다. 그 장면을 뱅크샐러드 담당자가 보면서 연락을 해온 것이다.

담당자는 뱅크샐러드를 사용하면서 20대에 빠르게 1억 원을 모은 나에게 감사의 인사를 전하며 광고 영상을 찍어보자고 제안했다. 내가 정말 좋아하는 뱅크샐러드에서 이런 특별한 제안을 받다니! 나야말로 성공한 덕후라는 생각이 들었다.

며칠 뒤 나는 뱅크샐러드를 방문해 무사히 광고 영상을 촬영했고 소정의 광고비도 받았다. 촬영이 끝난 뒤에는 뱅크샐러드에서 제공해준 페어몬트 호텔에서 호캉스도 즐겼다. 나중에 찾아보니 페어몬트 호텔은 1박에 70만 원이 넘는 숙박료를 내야 하는 5성급 호텔이었다. 나는 꾸준히 뱅크샐러드 앱을 사용했을 뿐인데 예상치 못한 이런 협업에 뜻밖의 수입까지 번 셈이었다.

2억 원을 달성한 이후에는 뱅크샐러드와 또 다른 협업을 하게 되었다. 한번 맺은 인연 덕분인지 뱅크샐러드 담당자는 또다시 1억 원을 모은 내 이야기에 기뻐해주었고 아티클 연재를 제안해주었다. 나는 가장 자신 있는 '생활비 절약'을 주제로 연재를 진행했고 역시 연재 비용을 받았다.

유튜브를 통한 파이프라인 확장도 계속됐다. 내 유튜브 주제와 맞는 절약이나 앱테크 관련 서비스에서 유료광고 요청이 들어왔다. 유튜브 구독자가 2,000명 미만일 때부터 제안이 들어왔는데, 첫 협업은 CJ제일제당에서 진행하는 나눔 냉장고였다. 나눔 냉장고는 1인가구 청년들의 건강한 먹거리 환경을 만들기 위한 캠페인으로 나에겐 유튜브로 진행하는 첫 협업이기도 했지만 캠페인 취지 면에서도 의미 있는 일이었다.

유튜브 관련 협업은 보통 메일로 협업 제안이 온다. 이후 협업 조건 확인(광고 단가와 가이드라인 확인) → 영상 대본 작성 → 영상 촬영 → 편집 및 대본 내레이션 → 영상 업로드 순서로 진행된다. 내 이야기를 카메라 앞에서 이야기하면 끝나는 TV 방송과 달리 유튜브는 대본부터 구상, 촬영, 편집까지 내가 해야 하는 일들이 많은 편이다. 하지만 유튜브 운영을 해본 경험이 있거나 온라인 콘텐츠 창작자라면 큰 어려움 없이 할 수 있다. 무엇보다 내 경우 직접 운영하는 유튜브 채널에서 벌어들이는 수익이 고정적이지 않은 반면, 유료광고는 영상을 제작할 때마다 내가 한 달 동안 부업으로 일한 만큼의 수익을 벌 수 있어서 큰 장점으로 다가왔다.

그동안 부지런히 아끼며 살아온 나는 어느 순간 절약의 아이콘인 '절약의 달인'이 되었다. 곽지현이라는 내가 하나의 브랜드가 되면서 협업을 통해 또 다른 수익을 창출하게 된 것이다. 내가 대중적으로 알려지기 전에는 이런 협업으로 N잡이 가능한지도 몰랐던 일이다. 정기적이지 않지만 개인 브랜딩을 통한 협업은 항상 즐거운 작업이다.

책 쓰기와
강의

지금까지 책과 데면데면하게 지냈다. 어린 시절부터 책을 안 읽는 편이기도 했지만 어른이 되어서는 인터넷 검색이나 동영 상으로 정보를 찾아보는 시간이 더 많았기 때문이다. 그런 내가 책을 쓰다니 상상도 못 했던 일이다.

내 이야기가 방송과 신문 기사 등으로 알려지면서 많은 이들에게 연락을 받았다. 나와 비슷한 처지인데 방송을 보고 용기를 얻었다는 분도 있었고, 자신도 절약 생활을 하고 싶은데 방법을 알려달라는 분도 있었다. 나처럼 불우한 어린 시절을 보내고 지금은 자수성가해서 해외에 거주하는 60대 어르신은 내 사연을 보고 감동했다며 직접 연락해주시기도 했다. '노력'

이라는 삶의 태도를 장착하고 열심히 살아왔을 뿐인데 그 과정이 사람들에게 용기를 주고 칭찬받을 일이라는 게 신기하기만 했다.

이후 여러 출판사에서 출간 제안이 들어왔다. 나는 책과 친하지 않은데 과연 책 쓰기가 가능할까 싶었다. 그래도 일단 좋은 경험이 될 것 같아서 출판사 관계자분들과 미팅을 진행했고 지금 이렇게 책을 쓰고 있다.

'내 책 쓰기'는 많은 이들의 버킷리스트가 되고 있다. 평소 독서를 좋아해서 책을 쓰고 싶다는 분도 있지만, 내 책을 통해 자신을 브랜딩하고 성장하고 싶다는 분도 많다. 내 경우 평소 책을 쓰고 싶다는 생각을 하지 못했는데, 책 출간이 파이프라인이 될 수 있겠다는 생각이 들었다.

먼저 출간계약서를 작성하면 계약금을 받는다. 보통 100만 원의 계약금을 받는데 나는 계약금이 입금된 날 곧바로 자유적금으로 넣었다. 애초에 책을 쓰기로 하지 않았다면 받을 수 없는 돈이었다. 100만 원이라는 계약금이 누군가에겐 큰 금액이 아닐 수 있지만, 200만 원 정도의 월급을 받는 나에겐 50%의 보너스가 생긴 셈이니 절대 작은 금액도 아니었다.

계약금 외에 책이 출간되면 인세를 지급받게 되는데 나만의 파이프라인이 하나 생기는 것이다. 《파이프라인 우화》라는 책을 보면 그 이유를 알 수 있다.

물통을 나르는 일을 하는 두 사람, 파블로와 브루노가 있다. 파블로는 하루 종일 물통을 나르고 받는 돈에 만족하며 살아가는 반면, 브루노는 물을 더 쉽게 나르는 방법을 고민하면서 파이프라인을 설치하기로 했다. 파이프라인을 설치하는 동안 사람들은 브루노가 쓸데없는 일을 한다고 놀려댔지만 그는 힘들게 완성시켜나갔다. 그런데 시간이 지남에 따라 파블로는 나이가 들면서 아프기 시작했고 일하는 게 어려워져 수익을 만들어낼 수 없었다. 그에 비해 브루노는 파이프라인을 설치해 꾸준히 수익이 들어오도록 만들어두었다.

미리 시간과 에너지를 투자해서 자신이 직접 일하지 않아도 돈이 들어오는 시스템, 그게 바로 파이프라인이다. 다시 말해 내가 쓴 책이 출간되어 꾸준히 판매된다면 확실한 파이프라인이 되는 것이다. 물론 판매가 저조해 든든한 파이프라인이 안 될 수도 있지만, 책을 쓰면서 자료를 찾아보고 내가 지나온 과정을 되짚어보는 시간은 나에게도 많은 도움이 되었다고 생각한다.

내 책을 쓰고 출간하는 것의 매력 중에는 '강의'도 빼놓을 수 없다. 책은 하나의 주제에 대해 저자가 배우고 익힌 내용을 한

권에 모두 담아낸 콘텐츠의 집합체다. 그러다 보니 관련된 주제에 대해 강연이나 기고를 요청받게 된다.

책이 출간되기 전에도 나는 5번의 강연을 요청받았다. 첫 강연은 서민금융진흥원의 요청으로 진행되었다. 청년도약계좌 가입자 100만 명 달성 기념 간담회에서 6년간 2억 원을 달성한 청년을 대표해 자산 축적 노하우에 대해 발표했다. 정말 오랜만에 많은 사람들 앞에서 발표하는지라 무척 떨렸지만, 강의를 시작하자 나 자신도 놀랄 만큼 말이 술술 나왔다. 집에서 연습할 때 계속 더듬고 틀리던 내가 맞나 싶을 정도였다. 이후 서민금융진흥원과의 인연으로 청년들을 상대로 자산 컨설팅을 2회 진행했다.

다음으로는 기업은행에서 주최한 경기도 일자리 박람회에서도 강연을 진행했다. '2030 구직자를 위한 짠테크 토크'라는 주제 아래 자산을 모으기 위해 시작했던 5가지 노하우에 대해 이야기하는 시간이었다. 그리고 얼마 전에는 내가 거주하고 있는 대전시 동구에서 '동구동락'이라는 이름으로 절약과 자산 축적 노하우에 대해 강연을 했다.

강연을 하면서 사람들에게 절약과 저축, 그리고 자산 축적 방법에 대해 나만의 이야기를 전달할 수 있다는 사실이 너무 뿌듯했다. 거기에 더해 강연을 통해 생기는 강연료는 생각지도 못한 부수입이라서 나를 더 기쁘게 했다.

앞으로 나는 더 자주 강연을 해보고 싶다. 아직은 사람들 앞에 서면 긴장될 때도 있지만, 강연을 준비하면서 내가 한 단계 더 성장하고 발전하고 있음을 느낀다. 이 한 권의 책이 나의 든든한 파이프라인이 되길 기대해본다.

5장.

부자가 되기 위해 네가 꼭 했으면 하는 것들

목표 정하기

나는 짠순이다. 나는 돈과 시간에서 자유로운 경제적 부자가 되고 싶다. 하지만 절약을 해서 돈을 모으는 것이 삶의 목표는 아니다. 그것이 내가 살아가는 이유나 목표가 되어서도 안 된다고 생각한다. 절약해서든 사업을 통해서든 돈을 모은다는 것은 어디까지나 나의 최종 목표를 위한 하나의 방법이고 과정일 뿐이다.

그런데 가만히 돌아보면 나는 그동안 절약하고 또 절약해서 돈을 모으는 것 말고는 다른 목표가 없었다. 그러다 보니 내 삶은 더 아끼고 더 많이 저축하는 데만 초점이 맞춰져 있었다. 소중한 내 인생에서 정말 이루고 싶은 것이 무엇인지, 하고 싶은 일이 무엇인지 진지하게 고민해보지도 않았다. 내가 1억 원을 모으고 한동안 방황했던 것도 그런 이유 때문이었다.

그렇다면 성장하고 발전하려면 가장 중요한 것이 무엇일까? 나는 목표가 있어야 한다고 생각한다. 돈을 모을 때도 목표가 필요하다. 구체적이고 현실적인 목표 없이 단순히 '돈 많은 부자가 되고 싶다.'는 것보다 '35살이 되기 전에 내 명의로 된 집을 갖겠다.'는 목표를 세우면 더 큰 동기부여가 된다. 나는 19살에 미래의 나를 위해 목표를 세웠다. 1년에 2,000만 원씩, 5년 안에 1억 원을 모으겠다는 목표였다.

왜 5년 안에 1억 원이었는지 그 이유는 생각하지 않았다. 아무런 희망도 없는 환경에서 벗어나고 싶다는 마음이 간절했고, 내 수준에서 가장 빠르게 돈을 모으는 방법만 생각했다. 당시 내가 받는 월급을 따져보면서 무리하면 5년 내에 1억 원을 모을 수 있다는 결론에 다다랐다. 시드머니, 즉 종잣돈으로 1억 원은 모아야 한다는 막연한 생각뿐이었다.

항상 절약하면서 부지런히 돈을 모으는 나를 보곤 사람들이 "목표가 있나 봐요?"라고 묻곤 했다. 그럴 때마다 나는 "그냥 1억 정도는 있어야 할 것 같아서요."라고 얼버무렸다. 생각해보면 사람들의 질문을 받고도 나는 왜 1억 원을 모아야 하는지 명확한 목표나 이유도 없이 달려가고 있었다. 그랬더니 내가 설정한 기간인 5년보다 빨리 1억 원을 모아 목표를 달성했지만 이후 무기력증에 빠지고 말았다.

단순히 '1억 원'이라는 숫자를 달성하겠다는 마음만 가득해서 그 목표를 달성하고 나니 지향점을 잃고 부유하게 된 것이다. 다행히 방황은 오래지 않아 다음 목표를 설정하면서 나아졌지만, 이후에는 돈 자체만을 목표로 하는 것은 지양하고 있다. 자신이 정말 원하는 구체적인 목표 없이 절약만 강조하다 보면 금방 지치게 마련이다. 따라서 절약이든 돈 모으기든 분명한 목표를 설정해야 한다.

목표는 구체적일수록 좋다. 예를 들어 1차 목표가 6개월 안에 1,000만 원을 모으는 것이라면 그와 연계된 2차 목표를 세워야 한다. 시드머니인 1,000만 원을 이용해 '해외 주식투자'나 '결혼자금 마련' 등을 하겠다고 목표를 명확하게 설정하는 것이다. 절약만으로 돈을 모으는 것은 자기 자신과의 고독한 싸움이라 금세 지칠 수 있다. 그럴 때마다 자신의 목표를 되새기면서 마음을 다스릴 수 있어야 한다.

돈 모으기를 결심하고 나의 첫 목표는 '5년 안에 1억 모으기'였다. 1차 목표를 달성한 후 '3년 안에 1억 모으기'라는 2차 목표를 세웠는데, 최근 2년 안에 1억 원 모으기를 성공하면서 이 목표도 달성했다. 2차 목표를 세울 때 나는 '3년 안에 1억 모으기'를 단기 목표로 설정하면서 장기 목표도 세웠다. 그 목표는 '30살 되기 전에 4억 모으기'였다.

장기 목표를 세울 수 있었던 것은 1차 목표를 달성한 2022년에 청약에 당첨되었기 때문이다. 당첨된 아파트는 나의 또 다른 자산 포트폴리오가 되었고, 나는 이 집을 재테크 수단으로 활용해 4억 모으기에 도전하고 있다.

당신은 목표가 있는가? 내 경우 만다라트와 10년 부자 계획표를 접하면서 구체적인 목표를 정할 수 있었다. 아직까지 구체적인 목표를 설정하지 않았다면 지금부터 만들어가면 된다. 내가 했던 방법을 소개해본다.

만다라트 만들기

만타라트Mandalart란 목표를 달성한다는 의미의 '만다라 Mandala'와 기술을 뜻하는 '아트Art'의 합성어로 목표를 달성하는 기술을 의미한다. 일본의 마츠무라 야스오가 개발한 것으로 활짝 핀 연꽃 모양으로 아이디어를 다양하게 발전시켰는데, 일본 출신의 메이저리그 야구선수 오타니 쇼헤이가 고등학교 시절 작성한 만다라트가 소개되면서 유명해졌다.

오타니 쇼헤이의 만다라트 인생 계획표

몸 관리	영양제 먹기	FSG 90kg	인스텝 개선	몸통 강화	축을 흔들리지 않기	각도 만들기	공 위에서 던지기	손목 강화
유연성	몸 만들기	RSQ 130kg	릴리즈 포인트 안정	제구	불안정함 없애기	힘 모으기	구위	하체 주도로
스테미나	기동력	식사 저녁7숟저 아침3숟저	하체 강화	몸을 열지 않기	멘탈 컨트롤하기	볼을 앞에서 릴리즈	회전수 증가	가동력
뚜렷한 목표, 목적	일희일비하지 않기	머리는 차갑게, 심장은 뜨겁게	몸 만들기	제구	구위	축을 돌리기	하체 강화	체중 증가
핀치에 강하게	멘탈	분위기에 휩쓸리지 않기	멘탈	8구단 드래프트 1순위	스피드 160km/h	몸통 강화	스피드 160km/h	어깨 주위 강화
마음의 파도를 만들지 않기	승리에 대한 집념	동료를 배려하는 마음	인간성	운	변화구	가동력	라이너 캐치볼	피칭 늘리기
감성	사랑받는 사람	계획성	인사	쓰레기줍기	방 청소	카운트볼 늘리기	포크볼 완성	슬라이더 구위
배려	인간성	감사	물건 소중히 사용	운	심판을 대하는 태도	늦게 낙차 있는 커브	변화구	좌타수 결정구
예의	신뢰받는 사람	지속성	플러스 사고	응원받는 사람 되기	독서	직구와 같은 폼으로 던지기	스트라이크 볼을 던지는 제구	거리 이미지 트레이닝

오타니 쇼헤이가 작성한 만다라트는 그가 고등학교 1학년인 2010년에 작성한 것이다. 오타니는 '8구단 드래프트 1순위'를 목표로 몸 만들기, 제구, 구위, 스피드, 변화구, 운, 인간성, 멘탈의 8가지 목표를 정했는데, '운' 영역에서 인사, 쓰레기 줍기, 방 청소 등 구체적으로 쓴 내용을 보면 이루고 싶은 목표를 달성하기 위해 그가 얼마나 노력했을지 보인다. 그 결과 오타니는 2023년에 미국 프로야구 LA다저스와 10년 7억 달러(9,240억 원)라는 메이저 역대 최고 연봉으로 계약했다. 그가 만다라트를 작성한 지 13년 만에 이룬 쾌거였다.

만다라트를 쓰는 방법은 간단하다. 가장 중심에 최종 목표를 적고, 그 주위 8개 칸에 최종 목표를 이루기 위한 하위 목표를 적으면 된다. 그리고 각각의 하위 목표 주변에 다시 각 8개의 실천 방법을 적는다. 그러면 총 64개의 목표가 생기는 것이다.

처음 만다라트를 작성할 때가 생각난다. 64개의 빈칸을 보면서 막막하기만 했다. 대체 사람들은 이 많은 칸을 어떻게 채우는지, 목표가 없는 내가 비정상은 아닌지 걱정되었다. 만다라트를 쓰는 첫날, 8개의 하위 목표를 정하는 데만 1시간이 꼬박 걸렸다. 64개의 목표를 작성하는 것은 단 몇 시간 만에 끝낼 수 있는 게 아니라는 생각이 들었다. 결국 나는 그날 만다라트를 다 채우지 못했다.

그리고 다음 날부터 출퇴근하거나 설거지하면서 틈틈이 64개의 목표에 어떤 내용을 채울지를 생각해보았다. 그러고 보니 나에 대해 진지하게 고민하고 성찰해본 경험이 거의 없었다는 생각이 들었다. 당연히 만다라트를 채우는 일이 어려웠던 이유가 있었다. 그렇게 며칠 동안 나 자신에 대해 고민해보는 시간을 가졌고, 마음속에 담아두고 있었던 목표들을 수면 위로 끌어올릴 수 있게 되었다. 나중에는 칸이 모자랄 정도로 많은 생각들이 떠올랐고 결국 사흘에 걸쳐 만다라트를 완성했다.

완성한 만다라트를 나는 2장 출력했다. 그런 다음 한 장은 현관문 앞에, 한 장은 노트에 붙여두고 틈틈이 들여다보았다. 그중 꾸준히 해야 이룰 수 있는 목표는 다른 노트에도 따로 적어두었다.

만다라트를 한번 작성해보니 1년 목표, 3년 목표, 5년 목표, 10년 목표를 나누는 것도 좋은 방법이라는 생각이 들었다. 단기 목표를 달성하는 것도 중요하지만 장기적인 안목을 갖추는 것도 필요하기 때문이다. 만약 50살이 되기 전에 100억 자산가가 된다는 목표를 세웠다면, 역순으로 30대에는 10억 원을 모으고 5년 안에는 얼마를 모아야 한다는 구체적인 목표가 나

2024년 나의 만다라트

하루 생각 정리 일기	좌절보단 타파하기	잡생각 버리기	유튜브 재시작	블로그 재시작	인스타 키우기	운동 100번	70kg	인슐린 줄이기
소.확.행 챙기기	멘탈	이성적 생각	인강 듣기(10개)	몸값 올리기	영어 공부	일주일 3끼 채소 위주	건강	1인분 먹는 습관
우울할수록 움직이기	심호흡	암튼 내가 짱이란 거 알기	단기 알바 5번(경험)	책 출판 대대대 성공	부수익 1천	군것질 5개	아프면 무조건 병원 가기	우울증과 작별
한달 책 1권 (읽고 공유)	1년 4천 모으기	앱테크 재시작	멘탈	몸값 올리기	건강	미국 주식 월 10만	펀드 월 10만	아파트 대출 50% 갚기
가계부 꾸준히	부자	월 50 미만 사용	부자	2024년 목표	재테크	1기 신도시 임장 완료(5개)	재테크	공모주
10년 부자 계획	경제 관련 유튜브	모르는 것 파헤치기	습관	인간관계	취미	도로 공매 계속 투자	기념일에 주식 사기 (각 10만)	추가 투자 계획
7시 기상	하루 루틴	용모 단정	작은 성의 보이기	생각하고 말하기	긍정적인 말	프랑스 자수	수채화	등산
계획	습관	일주일 대청소	편견 버리기	인간관계	인사 잘하기	해외여행 1번	취미	국내여행 1번
버릇 고치기 (머리 뜯기)	"감사합니다"	아침 이불 정리	도움이 필요할 때 기꺼이 돕기	안부 인사	인간관계 넓히기	차 한잔의 여유	내가 좋아하는 음악 50개 찾기	업사이클링 도전

나만의 만다라트 만들기

온다. 목표를 잘게 쪼개면 현실감 없이 느껴지는 꿈도 가능할 것 같다는 희망이 보인다.

2023년 연말에 나는 만다라트를 다시 꺼내 보았다. 생각보다 이룬 것들이 많았다. 물론 '앞으로 선한 영향력을 전하는 사람이 되겠다.'와 같이 계속 실천해야 하는 인생의 목표나 자세도 있다. 그런 목표는 매해 새로운 만다라트를 작성하면서 반복해서 쓰거나 수정하는데, 올해의 만다라트를 쓰면서도 업그레이드 버전으로 수정했다. 그러다 보면 내가 진정으로 원하는 내 모습을 더 구체화하게 된다.

만다라트를 작성해보고 싶은 이들을 위해 공란으로 된 만다라트를 싣는다. 책에 직접 써봐도 되고 자신만의 만다라트를 따로 만들어 써도 좋다. 직접 해보는 것이 중요하다. 다만 만다라트를 작성할 때는 반드시 경제적인 가치에만 집중하지 않아도 된다. 세상에는 가치 있는 것들이 너무나 많고, 사람들마다 자신이 가장 중요하게 생각하는 가치관은 다르게 마련이다. 새로운 경험을 하는 것, 하지 못했던 공부를 최고의 목표로 정할 수도 있다. 만다라트를 작성하는 것은 자신이 어떤 사람인지, 자기가 원하는 것은 무엇이며, 무엇을 할 수 있는지 등 자신을 스스로 파악하기 위함이다.

10년 부자 계획표

만다라트를 작성한 후 1년 단기 목표와 함께 10년 후의 장기 목표도 세웠다. 그동안 '1억 모으기'에만 집중하고 장기적인 목표를 세우지 않고 살아온 것 같았기 때문이다. 단순히 숫자로서의 금액이나 두루뭉술한 목표만 계획하고 싶지 않았다. 그래서 탄생한 것이 최대 10년까지 내다볼 수 있는 10년 부자 계획표였다.

10년 부자 계획표에는 ①왜 부자가 되고 싶은지 ②기한별 목표 달성액은 얼마인지 ③앞으로 1년 계획은 무엇인지 ④ 100일간 만들고 싶은 습관은 무엇인지 ⑤재테크와 자기계발 목표는 무엇인지를 세세하게 작성하게 되어 있다. 사실 나는 부자 계획표를 작성하기 전에 막연히 '30살 전에 10억 모으기'가 목표였다. 하지만 부자 계획표를 작성하면서 '30살에 10억 모으기'는 조금 무모해 보였다. 내가 세운 현실적인 목표는 다음과 같다. (나의 10년 부자 계획표 상세 버전은 부록으로 실었다.)

현재: 2억 (24년 2월 기준)

1년: 2억3,000만 원 → 본업 + 부업 수입을 저축, 4,000만 원 목표

3년: 3억 5천 → 본업 수입과 아파트 전·월세 수익

5년: 7억 → 결혼 + 재테크로 수익 늘림(결혼 후 함께 투자 진행)

10년: 15억

자산 달성 목표에 맞게 내가 노력해야 하는 부분들도 빼곡히 작성해보았다. 명확한 목표를 설정하고 내가 해야 할 부분들을 하나씩 써보니 실제로 가능해 보였다.

부자 계획표를 작성하면서 나는 ①메타인지가 가능해졌고 ②막연한 바람에서 구체적인 목표로 바뀌었으며 ③작성 후 실행력이 50% 이상 상승했다. 특히 ②번의 경우 나는 무작정 '1억 모으기'에만 집중했던지라 목표를 달성한 후 공허함과 허무함을 느꼈는데, 구체적인 목표를 재설정하면서 다시 길을 찾을 수 있게 되었다. 이제 막 목표를 계획하는 분이나 나와 같은 어려움이 있는 사람이라면 10년 부자 계획표를 작성해보라고 권하고 싶다.

동기부여
버튼 만들기

짠테크를 하다 보면 크고 작은 현타가 찾아온다. 한 푼이라도 아껴서 목표 금액을 이루기 위해 마음을 다잡지만 나 역시 마음이 무너질 때가 있었다. 오랜만에 친구들을 만났는데 매 순간 절약하는 나와는 달리 자신을 위해 마음껏 소비하는 친구들을 보면 부러운 게 당연하다. 같은 자취생이지만 자취방을 자기 취향대로 세련되게 인테리어한 친한 언니 집에 다녀온 날에는 내 자취방이 너무 초라해 보였다. 추운 겨울날 퇴근길에 고소하고 따스한 냄새가 나는 포장마차 앞에서는 2,000원어치 붕어빵을 살까 말까 한참을 고민하는 내가 안쓰럽다는 생각이 들기도 했다.

24살에 최저시급을 받으며 4년여 만에 1억 원을 모은 나를 보고 사람들은 대단하다고 말한다. 하지만 내가 짧은 기간에 목돈을 마련할 수 있었던 데는 시도 때도 없이 찾아오는 현타를 극복해냈기 때문이다. 아무리 목표 달성을 하겠다고 굳게 마음을 먹었지만 왜 나라고 흔들리지 않을 수 있었겠는가. 방송에 출연했을 때 방송작가님이 이런 질문을 한 적이 있었다.

"유혹도 많았을 텐데 어떻게 그걸 다 이겨냈어요? 지현 님만의 노하우가 있어요?"

그렇다. 현타가 오고 유혹이 찾아와도 이겨낼 수 있었던 데는 나만의 노하우가 있었다. 그것을 나는 '동기부여 버튼'이라고 칭했는데, 나의 동기부여 버튼은 바로 '통장 잔고 보기'였다.

뱅크샐러드 앱을 이용하면서 나는 그동안 모은 돈을 앱만 켜면 한눈에 볼 수 있었다. 하루는 지인이 말하길 자기 통장은 잔고가 늘어난 적이 없다고, 월급날 일시적으로 늘어났다가 그 행복이 오래지 않아 곧 다시 줄어드는 '콩쥐팥쥐'에 나오는 밑 빠진 독 같다고 했다. 그러다 보니 통장 잔고가 얼마 있는지 관심을 갖지 않게 된다는 말도 덧붙였다.

그 이야기를 들으면서 깨달은 게 있었다. 나는 수시로 통장 잔고를 들여다본다. 내 통장의 숫자는 거의 매일 바뀐다. 그것도 줄어드는 게 아니라 늘어나는 쪽으로 바뀐다. 1억 원을 모을 때까지 십만, 백만, 천만 단위로 늘어나는 통장 잔고를 보는 게 너무 행복했다. 돈이 모이면 무엇을 할 수 있을지 상상하는 것도 행복을 더 증폭시켜주었다.

그러고 보니 현타가 오거나 충동구매를 하고 싶을 때면 통장 잔고를 보았다. 통장에 찍힌 잔고를 보면 내가 전혀 초라하게 느껴지지 않았고 충동구매 욕구도 사라졌다. 그 숫자들은 내가 그동안 얼마나 노력하며 열심히 살아왔는지를 대변해주었다.

통장 잔고를 보며 마음을 다잡는 것은 내 마음에 대한 위안이었다면 실질적인 위로도 필요했다. 나는 가끔 나 자신에게 적절한 보상을 주기로 했다. 한마디로 셀프 리워드self reward를 하는 것이다. 나는 달콤한 간식을 좋아하고 공원 나들이도 좋아한다. 손으로 이것저것 만드는 것도 취미생활 중 하나다. 그래서 적금이 만기되거나 부수입이 생겨 다른 달보다 저축액이 늘어나는 등 축하할 일이 있으면 셀프 리워드를 했다. 평소 가고 싶었던 카페에서 달콤한 디저트를 즐기기도 하고, 집에 있는 음료와 간식거리를 챙겨 공원으로 피크닉을 가기도 했다. 2024년에는 생애 처음 해외여행으로 몽골을 다녀오기도 했다.

얼마 전에는 빛이 들어오는 창가에 걸어두는 인테리어 소품인 선캐처를 만들었다. 나만의 공간인 자취방을 예쁘게 꾸미고 싶다고 생각했는데, 돈이 들고 시간도 나지 않아 계속 미루다가 나를 위한 보상으로 해보기로 한 것이다. 완제품을 사도 되었지만 수작업을 좋아하는 편이라 직접 만들어보기로 했다. 게다가 완제품은 하나에 2만 원이 넘는데, 재료를 사서 만들면 같은 가격에 3개는 만들 수 있었다. 인터넷에서 내 취향대로 재료들을 구입했고, 3개를 만들어 하나는 자취방 창에 걸고 나머지 2개는 친구들에게도 선물했다. 창문에 걸어둔 선캐처를 볼 때마다 만드는 동안 행복했던 기억이 떠오른다.

자기가 원하는 것을 얻기 위해서는 강한 절제력이 필요하다. 절제하는 과정에서 수많은 유혹이 따르고, 주위에서 어떤 격려나 지원도 받지 못할 수 있다. 그럴 때마다 자신을 다시 잡아 세워주는 것은 자기 자신이어야 한다. 동기부여를 하거나 보상을 해주는 자기만의 규칙을 정해보자. 보상은 거창하지 않아도 된다. 보상이 크면 더 큰 동기부여가 될 것 같지만, 보상받고 난 후의 동기부여가 지속되는 기간은 거의 비슷하다. 작은 보상이어도 보상받은 기억으로 다시 보상받고 싶다는 동기부여가 되면 그만이다. 목표점에 도달하기 위해 보상은 추진력을 높이는 장치 정도면 충분하다.

해피 저금통 만들기

절약 생활에 익숙해진 4년 차 때였다. 매월 정기적금은 물론이고 다양한 이름을 붙인 이벤트 적금을 하고 있었는데 '돈 모으기'라는 목표를 넘어 내 일상에 소소하지만 확실한 행복을 주고 싶었다. 그래서 생각해낸 나만의 소확행이 '해피 저금통'이다.

해피 저금통은 일상에서 소소한 행복을 느꼈을 때, 성취감을 느낀 순간, 각종 이벤트가 있을 때 메모지에 내용을 적어 행복을 적금하는 저금통이다. 해피 저금통을 만들기로 한 날, 먼저 깨끗하게 씻어둔 파스타 통에 '지현이의 해피 저금통'이라고 써서 붙였다. 그리고 내가 행복했던 순간을 떠올려보았다.

당근마켓에서 필요한 물품들을 나눔받았던 날에는 "양초 무드 등, 요플레, 수납장, 철제 책장을 모두 나눔받았다. 마침 다 필요했던 것들이라 정말 행복하다!"라고 써서 저금했다. 2억 원을 모은 날에는 벅찬 마음을 가라앉히며 "4년 만에 1억, 그리고 2년 만에 1억 달성!"이라고 쓰면서 2억 원을 달성했다는 사실이 꿈이 아니라 현실임을 확실히 인지했다.

물론 행복한 순간을 저금한 날이 많았지만 마음속에 오래 담아두고 싶은 이야기를 적는 날도 있었다. 마음이 힘들었던 하루를 보낸 날 친구가 이런 말을 했다. "우리 나이에 불안하지 않으면 그건 아무것도 하지 않아서 그런 거야. 네가 힘든 건 미래를 위해 더 성장하고 싶고 그러기 위해 그만큼 노력하고 있기 때문이야." 친구가 건네준 위로의 말을 종이에 적으면서 한 번 더 위안받는 느낌이었지만 오래도록 친구의 말을 기억해두고 싶어 저금하기도 했다.

만다라트에 썼던 인간관계를 위해 안부 인사하는 것을 지키기 위해서 연말에 주위 사람들에게 먼저 인사를 전했다. 그러고 나서 나 스스로를 기특해하며 해피 저금통에 저금할 내용을 썼다. "핵아싸인 내가 지인들에게 먼저 안부 카톡을 보냈다. 종종 안부 인사를 보내면서 소중한 인연을 잘 지키길." 이 내용은 나의 연말 다짐이기도 했다.

이처럼 나는 일상에서 소소한 행복을 느낄 때마다 메모를 써서 해피 저금통에 넣었다. 1년이 지나 저금통을 열어보면 지난 1년간의 행복이 한꺼번에 밀려와 세상 누구보다 행복한 사람이 된다. 나는 지금도 해피 저금통에 행복을 저금하고 있다. 해피 저금통이 차오를 때마다 참 잘 살고 있다는 생각이 들고 확실한 동기부여도 된다.

가계부 쓰기

내가 처음 가계부를 쓴 것은 초등학생 때였다. 몇 살이었는지
는 정확히 기억나지 않지만 한 달에 1,000원씩 용돈을 받기 시
작하면서였다. 내 마음대로 쓸 수 있는 돈이 생겼으니 한번에
써버리기보다 계획적으로 쓰라는 엄마의 뜻이었다. 통장처럼
생긴 용돈 기입장을 마련하고 수입과 지출을 기록했다. 금액
과 내용을 쓴 그 노트가 내 첫 가계부였다.

그러나 용돈을 받고 가계부를 쓰는 재미는 그리 오래가지
못했다. 얼마 지나지 않아 가계부가 있다는 사실조차 잊어버
렸고, 이후 오랫동안 가계부는 내 머릿속에서 잊혀진 존재였
다. 그러다가 고등학교 졸업을 앞둔 나는 '내 인생은 내가 책임

져야겠다.'라고 생각했고 돈 모으기에 초집중했다. 평소 교과를 공부할 때보다 더 집중했다. 어느 정도였냐면 밥 먹을 때는 물론 씻을 때도 관련 영상을 틀어놓고 공부했다. 그런데 관련 영상을 보면 공통적으로 강조하는 게 있었다. 바로 '가계부 쓰기'였다.

전문가들은 하나같이 처음 돈을 모으려고 마음먹었거나, 이제 막 사회생활을 시작한 사회 초년생, 앞으로 부자가 되고 싶은 사람이라면 가계부부터 작성하라고 강조했다. 한 달만 꼼꼼히 작성해보면 자신의 소비 패턴을 한눈에 파악할 수 있다고 했다. 가계부를 써보면 자기가 수입에 비해 어느 정도의 비율만큼 돈을 쓰는지, 어떤 항목에 주로 지출하고, 어떤 항목을 절약할 수 있는지가 바로 보인다는 내용이었다.

사실 나는 학생 때 일기도 꾸준히 써본 적이 없었다. 그런 내가 가계부라니 솔직히 재미없고 자신도 없을 것 같아 한동안 망설였다. 그런데 가계부에 대해 고민하고 나니 이후엔 가계부에 관한 조언이 더 자주 들리는 것 같았다. 전문가들이 다들 이렇게 중요하다고 말하는 데는 이유가 있지 않을까 싶어 일단 해보자고 결심했다. 그들의 말이 진짜인지 확인해보고 싶기도 했지만 그보다는 재미없고 자신 없을 것 같다는 것은 안 할 이유가 되지 않았다.

집에 가계부로 쓸 만한 노트가 없을까 찾아보다가 마땅한 게 없어서 다이소에 갔다. 평소 문구류를 자주 구경했는데도 가계부 종류가 그렇게 다양한지도 몰랐다. 내가 선택한 것은 3개월(1분기) 동안 가계부를 작성할 수 있는 수기 가계부였다. 처음부터 1년짜리나 좀 더 전문적으로 분석할 수 있는 가계부를 사지 않은 데는 이유가 있었다. 일단 가계부를 써보자고 했지만, 과연 내가 1년 동안이나 가계부를 계속 쓸지 못 미더웠기 때문이다. 사실 1년은 고사하고 한 달이라도 꾸준히 쓸지 내 의지를 의심하면서 가계부를 구입했다. 혹시라도 가계부 쓰기에 실패해도 그나마 저렴한 가계부를 샀다는 사실에 덜 아까울 것 같았다.

가계부를 구입하고 돌아오자마자 가계부를 3,000원에 구입한 내역부터 기입했다. 초등학교 때 가계부를 썼을 때의 느낌과는 달랐다. 돈을 모으겠다는 명확한 목표가 있었던 나는 한 달은 꼭 해보자고 다시 한 번 다짐했다. 그렇게 한 달 동안 꾸준히 가계부를 썼다. 이후 한 달간의 내역을 살펴보니 어디에 얼마를 지출하는지가 일목요연하게 숫자로 보였다. 한 달 동안 해냈다는 자신감은 물론 형체가 없었던 내 돈이 가계부를 통해 명확히 보이는 듯했다.

가계부를 두 달쯤 쓰고 보니 이전과 달라진 소비 내역을 찾아보며 분석할 수 있었다. 3개월 차에는 내가 주로 쓰는 내역과 평균 지출액도 파악할 수 있었다. 당시 고등학생이었던 내 용돈은 10만 원. 거창하게 가계부까지 작성하기엔 적은 금액이었지만 하나하나 비교 분석하며 소비 패턴을 알아가는 건 꽤 재미있었다. 나는 하루도 쉬지 않고 가계부를 작성했고 비록 3개월짜리였지만 가계부 쓰기에 성공했다.

이후 자신감이 생겨서 1년 동안 기록할 수 있는 수기 가계부를 구입했다. 그런데 6개월 정도 써보니 수기 가계부의 아쉬운 점들이 보이기 시작했다. 종이에 직접 작성하는 만큼 추가된 내역을 수정하기 어려웠고, 지출 내역이 많은 날은 정해진 칸을 넘어가는 바람에 더 적기 힘들었다. 일주일 정도 작성하다가 어느 부분에서 잘못 썼는지 일주일 치 금액이 맞지 않아서 찾느라고 고생한 적도 있었다. 이런 부분들이 나에겐 스트레스여서 좀 더 편리하고 깔끔하게 가계부를 쓸 수 있는 방법이 없을까 고민하게 되었다. 그래서 선택한 것이 휴대폰이나 컴퓨터에서 사용하는 가계부 앱이었다.

가계부 앱은 터치 몇 번으로 간편하게 기록하고 수정할 수 있었다. 내가 자주 이용하는 은행이나 카드를 등록해두면 계좌 이체할 때나 카드를 사용할 때도 자동으로 지출 내역이 기록되었다. 등록한 통장으로 월급이 들어오면 가계부가 자동으로 수입으로 잡아주어 수고로움을 덜 수도 있었다.

다양한 가계부 앱들을 사용해본 이후 나는 '뱅크샐러드'를 지금까지 사용하고 있다. 뱅크샐러드의 경우 공인인증서로 인증하면 내 자산이나 부채 등이 자동 등록되기 때문에 시시각각 변하는 내용이 자동으로 업데이트된다. 따라서 총 자산이 얼마인지 일일이 계산하지 않아도 쉽게 알 수 있다. 예를 들어 식재료의 경우 식비 카테고리를 정해둔 뒤 마트나 편의점에서 카드를 사용하면 자동으로 지출 내역을 업데이트해주어 일일이 카드 내역이나 영수증을 찾아서 입력할 필요가 없다. 또한 전체 예산뿐만 아니라 카테고리별로 예산을 설정할 수 있어서 정해둔 예산을 잘 지키고 있는지 확인할 수도 있다. 나와 소득수준이 비슷한 사람들과의 소비 금액을 비교할 수 있어서 지출과 저축 습관을 바로잡을 수도 있다.

거의 완벽하게 소비를 통제하는 내가 지금까지도 꾸준히 가계부를 작성하는 데는 이유가 있다. 개인적으로 나는 돈을 모으겠다고 결심한 사람이 가계부를 쓰지 않으면 부자가 될 수 없다고 생각한다. 돈을 모으기 위해서는 자신의 자산이 얼마인지부터 파악해야 하기 때문이다.

자신의 자산이 얼마인지 모르는 사람은 어떤 사람일까? 재산이 너무 많아서 파악하기 힘든 경우거나 아니면 다달이 카드값 메꾸느라 바쁜 사람 둘 중 하나가 아닐까? 나는 전자의 사람이 되고 싶었다. 그러기 위해선 내 자산이 얼마이고, 나가는 돈은 얼마인지를 늘 머리에 담아두고 있어야 한다.

최근 가계부의 힘을 다시 한 번 느낀 적이 있었다. 나는 유튜브 채널에 일주일 지출 내역을 공유하고, 한 달 지출 내역을 정리해서 매달 유튜브와 블로그 등에 올리고 있다. 그 영상을 본 사람들이 나와 함께 가계부 쓰기에 동참하곤 하는데, 그들 중 절반 이상이 가계부를 쓴 후 지출이 줄었다고 말했다. 한 달 지출이 250만 원이 넘어서 저축은 꿈도 못 꾼다고 하소연하던 어떤 분은 가계부를 쓴 후 150만 원을 아낄 수 있었다며 감사의 말을 전하기도 했다. 이런 가계부의 기적은 자신의 자산 내역을 언제든지 눈으로 직접 확인할 수 있다 보니 주머니에서 빠져나가는 돈을 통제하면서 가능했으리라 생각한다.

돈을 모으고 싶은가? 너무 많이 들어서 지겹고 새롭지 않다고 말할지도 모르겠지만 한 번 더 강조하고 싶다. **돈을 모으고 싶다면 가계부부터 쓰자. 한 달만 제대로 써보면 자신의 소비 패턴이 보이고, 3개월이면 소비 패턴의 90% 이상을 파악할 수 있다.** 처음에는 내가 지출한 돈의 규모에 놀라서 들여다보고 싶지 않을지도 모른다. 하지만 수입과 지출 수준을 제대로 파

악하고, 여기저기 난 구멍들을 메워가다 보면 가계부를 왜 써
야 하는지 알게 될 것이다. 그리고 나처럼 돈을 모으고 싶다면
가계부를 써야 한다고 말하는 가계부 예찬론자가 될 것이다.

TIP 가계부 작성의 기본

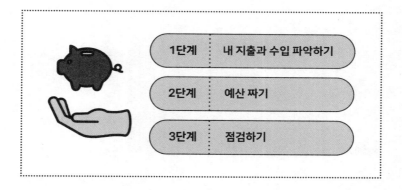

1단계	내 지출과 수입 파악하기
2단계	예산 짜기
3단계	점검하기

예산 계획하기

가계부 쓰기는 정말 중요하다. 가계부를 쓰면서 자신의 수입과 지출에 대해 현실적인 고민을 하게 되기 때문이다. 그렇다고 가계부만 꾸준히 열심히 쓰면 된다고 생각하면 안 된다. 아무런 성찰 없이 무작정 가계부만 열심히 쓰면 가계부는 '지출 자랑 기록부'밖에 안 된다. 그래서 가계부만큼 중요한 것이 '예산 짜기'다.

예산 짜기란 이번 달에 내가 어느 항목에 얼마를 지출할지를 정해서 예산에 맞게 지출하는 것을 의미한다. 예산 짜기를 하면 어떤 점이 좋을까?

첫째, 느슨해지는 가계부에 긴장감을 준다.

나는 19살에 가계부를 쓰면서 예산 짜기를 시작했다. 아직 학생이었고, 부모님과 함께 살고 있어서 고정비가 높지 않았다. 당시엔 세세하게 카테고리를 구분하기보다 '한 달에 10만 원 내에서 쓰자.'라는 목표만 세웠다. 큰 목표 아래 느슨하게 예산을 짜고 관리해도 괜찮았다. 지출 금액이 워낙 적었고 소비도 잘 통제하고 있다고 생각했기 때문이다.

하지만 자취를 시작하면서는 달라져야 했다. 혼자 감당해야 할 지출은 생각보다 많았다. 생활하는 것 자체가 지출이었다. 약속이라도 있으면 예상치 못한 지출이 발생했고, 정해둔 예산을 초과하는 일도 자주 생겼다. 가계부 앱의 카테고리를 보니 지출 내역이 고르지 않고 들쭉날쭉했다. 그 말인즉 예산대로 생활하지 않았다는 뜻이었다. 지출 금액이 크건 적건 구체적으로 예산을 짜야겠다는 생각이 들었다.

한 달의 마지막 주가 되었을 때 나는 다음 달에 쓸 예산을 계획했다. 우선 지난 3개월 동안의 지출 내역을 토대로 카테고리별로 평균 지출 금액을 계산했다. 약속이 생기거나 친구 생일, 명절, 경조사 같은 특별한 이벤트가 있는 날을 미리 체크했고, 예상하지 못한 지출이 생기는 것을 최소화했다.

그렇게 구체적이고 세세하게 예산을 짜고 한 달이 지난 뒤 가계부를 펼쳐보니 웃을 수 있었다. 지출 내역과 금액을 세세하게 정했더니 생활비가 모자라지 않았고 예상치 못한 지출도 줄었다. 전에는 갑자기 약속이 잡히면 예상치 못한 지출이 생겨 스트레스를 받기도 했는데 그런 일도 없었다. 그때부터 나는 매달 구체적이고 세세하게 내역을 정리하면서 예산을 계획하고 있다.

둘째, 충동구매를 막을 수 있다.

세상에는 하기 싫어도 해야 하는 일들이 있다. 출근하기 싫어도 해야 하고, 돈 버는 게 힘들고 고되어도 해야만 한다. 예산을 정하는 것도 마찬가지다. 나의 소비를 구속하는 듯한 예산을 정하고 싶지 않겠지만 그랬다가는 수입보다 지출이 더 많아질 수 있다. 예산을 정하지 않는다는 것은 한계를 정하지 않겠다는 뜻이나 마찬가지이기 때문이다. 쓰고 싶은 대로 쓰고, 당장 필요하지 않은 물건을 충동구매해도 괜찮다는 뜻이다. 그런 의미에서 예산은 계획하는 것만으로도 소비, 그중에서도 충동구매를 통제시켜준다.

나는 와플을 아주 좋아한다. 만약 예산을 정해두지 않았다면 와플 사 먹는 데만 생활비보다 더 많은 돈을 썼을지 모른다. 물론 한 달에 와플 몇 개씩 사겠다고 구체적으로 예산을 계획해둔 것은 아니지만, 간식비를 금액으로 정해두었기에 와플이 보일 때면 최대한 자제할 수 있었다.

돈 모으기를 위해 무조건 아끼고 안 쓰는 것만이 답은 아니다. 나를 보고 엄청나게 안 쓰고 아끼는 게 아니냐고 할지도 모르겠다. 하지만 아끼고 안 쓰는 데 대한 기준은 사람마다 다르고, 나는 내 기준에서 하고 싶은 것을 충분히 누리면서 살고 있다고 생각한다. 지나친 절제는 오히려 더 큰 소비로 이어지거나 절약 생활 자체를 포기하게 만들 수도 있으니 각자의 기준에서 가능한 만큼 절약하면 된다.

그런 면에서 나도 가끔 정말 사고 싶은 물건들이 있다. 최근에는 유독 제빵기가 갖고 싶었다. 재료만 넣으면 알아서 식빵을 만들어주는 제빵기가 매번 눈앞에서 아른거렸다. 매일 아침 그 제빵기에서 만들어내는 고소한 식빵 냄새를 맡고 싶었다. 금방 구워진 따끈한 식빵을 뜯어 먹을 생각을 하니 당장이라도 구매 버튼을 누르고 싶었다.

일단 인터넷에 제빵기를 검색해서 살펴보았다. 아무리 저렴해도 10만 원이 넘었다. 중고 마켓도 꼼꼼히 뒤져보았다. 인터넷의 절반 가격도 안 되는 5만 원에 나온 제품이 보였다. 너무 탐났지만 나는 제빵기를 구입하지 않았다. 참고 또 참았다. 왜냐하면 제빵기를 구매하는 건 이달 예산에 없었기 때문이다.

나도 알고 있다. 그 정도 금액을 지출한다고 생활비에 티도 안 난다는 것을. 나를 위해 한번쯤은 충동구매를 할 수 있다고. 하지만 그건 생활비에 티가 안 나는 정도는 물론 나를 위한 잠깐의 행복 버튼도 아니었다. 한번씩 타협하다 보면 그런 순간마다 나는 계속 고민하게 될 것이었다.

제빵기를 사고 싶다는 충동을 가라앉히고 생각해보니 제빵기가 없다고 빵을 못 먹는 건 아니었다. 동네 제과점에서도 따뜻하고 더 맛있는 식빵을 구할 수 있었다. 무엇보다 지금 당장은 소유하지 못한 데 대한 미련으로 계속 제빵기를 머릿속에 떠올리고 있지만, 제빵기를 구입한 순간 내가 몇 번이나 사용할지 의문이었다. 최소 30번 이상은 식빵을 만들어 먹어야 본전이었다. 거기에 재료비까지 포함하면 제빵기를 써야 하는 횟수는 더 많았다. 결국 나는 빵을 사 먹는 편이 저렴하다는 결론을 내렸고, 다음 날 제빵기 대신 식빵을 한 봉지 사 왔다. 그 숱한 고민의 나날을 비웃기라도 하듯 한두 달이 지난 뒤에는 제빵기를 사고 싶다는 마음이 감쪽같이 사라졌다.

제빵기 사건을 겪으면서 나는 예산을 짜는 게 왜 중요한지 다시 한 번 깨달았다. 예산을 짜고 실천하다 보면 충동구매는 할 수 없다. 아무리 사고 싶은 물건이 있어도 그달 예산에 없다면 자제하게 된다. 그렇게 한 달이라는 시간을 벌 수 있고, 한두 달 뒤에도 계속 그 물건이 갖고 싶다면 예산을 마련해 구입하면 된다.

셋째, 예산을 정함으로써 어디에 얼마나 지출하는지 파악할 수 있다.

예산 짜기의 장점이라면 단연코 내가 어디에 얼마나 지출하는지를 파악하게 된다는 점이다. 처음에는 어떤 항목에 얼마나 계획해야 할지 몰라 혼란스러울 수 있다. 생각보다 넉넉하게 예산을 분배한 항목도 있고, 너무 딱 맞거나 모자라는 항목도 생길 수 있다. 그러면 그 뒤부터는 모자라는 항목은 알맞게 늘리고, 여유 있는 항목은 줄이는 과정을 반복하면서 자신에게 맞게 예산을 짜면 된다.

그래도 어렵다면 가계부를 작성하는 것부터 시작해보자. 최소 한 달 정도 가계부를 쓰면 자신의 소비 내역을 파악할 수 있는데, 몇 개월 꾸준히 가계부를 작성하면서 자신만의 지출 데이터를 만들면 된다. 예산 작성에 정답은 없다. 각자 수입과 지출이 다르고, 처한 상황이 다르기 때문에 자신에게 맞게 예산을 계획하는 것이 더 중요하다. 그럼에도 예산 계획에 관한 팁을 말하자면 대략 이렇다.

예산 계획

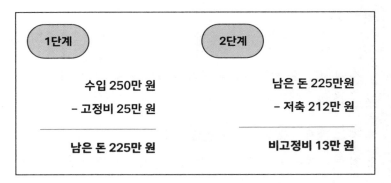

먼저 보험, 관리비, 교통비, 통신비 등 필수로 들어가는 고정 비용(①)을 파악한다. 그런 다음 내 수입에서 고정 비용을 뺀 금액을 알아본다. 남은 금액에서 매달 저축 가능한 혹은 자신이 희망하는 금액(②)을 정한 후 친목, 여가, 외식 등 비고정 비용(③)을 계산해본다. 중요한 것은 내가 쓸 돈을 먼저 남겨두지 않는다는 것이다. 무조건 저축할 돈을 1순위로 빼두어야 불필요한 지출을 막을 수 있다. 내 경우 1억 원을 모을 때까지 본업과 부업을 합해 약 250만 원의 수입일 때 ①은 25만 원으로 정했고 ②는 212만 원으로 설정했다. 그리고 나머지 금액 13만 원을 ③으로 정하고 용돈 겸 사용했다.

나는 저축 금액을 1순위로 정해두었기 때문에 고정 비용을 줄일 수밖에 없었다. 앞에서 이야기했듯이 휴대폰을 알뜰 통신사로 바꾸었고, 교통비도 할인이 되는 교통카드를 사용했다. 혜택을 파악하지도 않은 채 계약했던 보험을 재점검해서 불필요한 보험은 해약하고 나에게 알맞은 보험으로 변경했다.

가계부를 쓰고 예산을 짜고 생활했기에 나는 짧은 기간 안에 1억 원을 모을 수 있었다고 생각한다. 아직도 나는 유튜브를 비롯해 SNS에 한 달에 얼마나 썼는지 매월 결산한 금액을 공유하며 예산 지키기를 잘했는지를 점검한다. 그때마다 필요한 때 적절한 소비를 했다는 생각에 매우 만족스럽다. 아마 예산을 계획하고 결산하면서 카드명세서를 보면 당신도 분명 그럴 것이다. 그 만족감과 뿌듯함 그리고 해냈다는 성취감을 꼭 느껴봤으면 좋겠다.

무지출 데이
도전하기

월급만 빼고 모든 물가가 오른다는 말이 있다. 그래서인지 무
지출 챌린지가 유행하고 있다. 무지출 챌린지란 말 그대로 지
출을 줄인다는 뜻으로, 물가가 폭등하면서 하루 종일 지출을
하지 않는 데서 나온 단어다. 한때 인생은 한 번뿐이니 자신의
행복을 중시하고 즐겨라는 의미의 욜로YOLO, You Only Live Once
와는 달라진 MZ세대의 소비 문화 중 하나다.

　무지출 챌린지가 최근에 유행하기 시작한 단어라면, 내가
처음 하루 종일 지출을 하지 않았던 것은 2017년 19살 때부터
였다. 돈을 모으겠다고 절약하고 가계부를 쓰다 보니 무지출
도 거의 동시에 진행했던 셈이다. 당시만 해도 너도나도 욜로

를 외치던 때였는데 나는 꿋꿋하게 무지출을 실천하려고 노력했다. 그때의 가계부를 다시 살펴보니 지출한 날보다 하루에 10원도 안 쓴, 말 그대로 無지출로 보낸 날이 더 많았다.

사실 무지출을 실천하기란 쉽지 않다. 온종일 집 밖으로 나가지 않는다면 조금 쉬울지도 모른다. 하지만 출퇴근하는 직장인의 경우 교통비와 점심값을 지출해야 한다. 굳이 무지출을 해야 한다면 걷거나 자전거 등을 이용해 출퇴근해야 하고, 점심은 도시락을 싸가야 하는 수고를 해야 한다. 그런데도 무지출이 유행하는 것은 무슨 이유 때문일까? 내 경우를 예를 들어 생각해보면 이렇다.

먼저 무지출을 했을 때 나는 만족감이 컸고 심지어 자존감이 높아지는 느낌이었다. 무지출을 달성했다고 누가 상을 주진 않는다. 하지만 '오늘도 달성했다.'라는 뿌듯함과 만족감을 느낄 수 있었다. 무지출 데이가 늘어날수록 해냈다는 자신감은 더 커지는데 해본 사람이라면 누구나 공감할 것이다.

나는 잠들기 전 가계부 앱을 보면서 지출을 했는지 안 했는지 살펴본다. 그리고 일주일마다 혹은 매월 말일이 되면 무지출 데이가 며칠인지 세보는데 15일은 기본이고 일주일 연속인 경우도 가끔 있다. 무지출 데이가 많은 경우 24일인 달도 있었다. 그때의 희열은 어떤 값비싼 물건으로도 대체할 수 없는 감정이다.

　당연하겠지만 무지출 챌린지를 통해 나는 필요한 곳에만 지출하는 계획적인 소비를 할 수 있었다. 오늘도 무지출 데이로 만들 수 있겠다는 생각이 들면 지출에 신중해질 수밖에 없다. 분명 필요하고 사고 싶은 물건이 있었는데, 어제도 무지출을 했다면 오늘도 무지출을 달성하고 싶어 다른 방법을 찾게 된다. 정말 그 물건이 나에게 지금 당장 필요한지, 혹시 집에 대체품은 없는지 등 지출하기 전까지 몇 번이고 고민하게 된다. 그러다 보니 자연스럽게 지출이 줄었고 충동구매하는 일은 거의 없었다.

　무지출 챌린지 덕분에 가장 흡족한 부분은 역시 통장 잔고다. 내가 소비 충동을 참으면 그만큼 돈이 모이는데 그게 나에겐 무지출을 계속할 수 있었던 동기가 되었다. 내가 지출하지 않고 절약한 덕분에 통장에 찍힌 숫자는 조금씩 불어났고, 1,000만 원 단위가 되었을 때부터는 돈 모으는 재미까지 느낄 수 있었다. 한 푼도 절대 안 쓰겠다는 자린고비는 아니지만, 무지출 데이가 나를 최저 임금으로 4년 만에 1억 원을 저축한 화제의 주인공으로 만들어준 것은 분명하다. 무지출 챌린지는 최대한 소비를 하지 않아도 충분히 생활이 가능하다는 것을 느끼게 해줌과 동시에 자신의 소비 습관도 돌아보게 해준다.

하지만 무지출 챌린지가 장점만 있는 것은 아니다. 내가 무지출 챌린지를 한 지 얼마 되지 않았을 때의 일이다. 당시 나는 무지출을 달성하지 못할 때마다 스트레스를 받았다. 오늘은 돈을 지출했다고 생각하면 그날 하루를 전부 망쳐버린 것 같은 기분이 들었다. 게다가 꼭 지출이 필요한 날이 되면 보상 심리라도 생긴 것처럼 평소보다 많은 돈을 한꺼번에 지출했다. 어차피 쓸 돈을 지출하는 날에 몰아서 써야겠다는 마음이었다.

그러다가 하루는 돈 쓸 핑계를 찾고 있는 내 모습을 깨닫고는 깜짝 놀랐다. 그동안 작성했던 가계부를 살펴보았다. 이상하게도 무지출 챌린지 때문에 지출이 0원인 날이 많았는데도 한 달 지출액은 챌린지 이전과 비슷했다. 아니 오히려 무지출에 실패했다는 이유로 충동적으로 돈을 썼던 날 때문에 평소보다 지출이 늘어났던 적도 있었다. 결국 나는 무지출 챌린지를 가장한 선택적 지출 챌린지를 해왔던 셈이었다. 그때 무지출이 중요한 게 아니라 지출을 하더라도 좌절하지 않고 나에게 꼭 필요한 지출인지 살피는 일이 우선되어야 함을 깨달았다.

지금은 무지출을 한 날이든 그렇지 못한 날이든 일희일비하지 않는다. 무지출에 성공한 날에는 기쁜 마음으로 가계부에 무지출 데이라고 체크한 뒤 스스로에게 수고했다고 칭찬해준다. 지출한 날에는 그 소비가 필요한 지출이었는지 확인하고 현명하게 지출했다면 잘했다고 칭찬하고 있다. 이후 지금까지 큰 스트레스 없이 행복한 무지출 챌린지를 이어오고 있다.

선저축 후지출과
적금 쪼개기

월급을 받으면 저축을 먼저 하고 남은 돈 안에서 지출해야 한다. 이를 '선저축 후지출'이라고 하는데 많은 전문가들이 돈을 모을 때 강조하는 방법이다. 그렇다면 왜 선저축 후지출을 해야 할까?

예를 들어 200만 원의 월급을 받았는데 저축하지 않고 지출부터 했다고 가정해보자. 일단 필요한 만큼 돈을 먼저 쓰고 남으면 저축한다는 얘긴데, 과연 저축이 가능할까 의심된다. **제한을 걸어두지 않으면 소비는 끝도 없이 늘어나기 마련이다.** 심한 경우 월급을 몽땅 다 써버릴 수도 있다.

그러다가 받은 월급으로도 모자라면 어떤 일이 벌어질까?

신용카드를 사용하게 된다. 이렇게 되면 월급을 받아도 모두 신용카드 대금으로 사라지고, 돈이 모자라니 또다시 신용카드를 쓰는 악순환이 계속되는 것이다. 나는 이를 '무일푼 한 달살이 인생'이라고 부른다. 한 푼도 모으지 못하고 한 달밖에 살지 못해 쳇바퀴를 계속 굴려야 하는 인생이라는 의미다. 나는 무일푼 한 달살이 인생으로 살고 싶지 않다. 그래서 지출 플렉스가 아닌 저축 플렉스를 하려고 애쓰고 있다.

나는 비교적 이른 나이인 19살에 취업했다. 저축에 관해 자료를 찾아가며 공부한 덕에 선저축 후지출에 대한 개념은 이미 알고 있었다. 하지만 개념만 알고 있을 뿐 적금통장 만드는 기본적인 방법도 몰라서 7개월 동안 월급을 통장에만 고이 모셔두고 있었다. 그나마 절약에 관심이 많았던 나는 당시 한 달에 용돈 10만 원으로 생활하고 있어서 적금에 가입하지는 않았지만 번 돈을 지킬 수는 있었다. 지금 생각해도 얼마나 다행인지 모른다.

나보다 연봉이 높은데도 선지출 후저축 하는 사람들을 보면 내가 더 아쉬울 때가 많다. 그들은 월급이 300만 원인데 적금을 100만 원도 못 하는 경우도 있었다. 저축액을 확정하지 않고 지출부터 하면 그렇게 될 수밖에 없다. 그나마 체크카드만 사용한다면 다행이지만, 신용카드를 쓰는 순간 다음 달에는 지출이 더 늘게 되고 돈 모으는 것과는 점점 더 멀어지게 된다.

선저축 후지출은 돈을 모으는 데 기본 중의 기본이다. 나는 월급을 받으면 이 철칙을 지키려고 노력한다. 스스로 의지가 약하다는 생각이 들면 월급이 입금되는 날이나 그다음 날 바로 적금이 자동이체되도록 해두어도 좋다. 강제로라도 돈을 쓸 수 없게 시스템을 만들어두어야 지출을 막을 수 있기 때문이다.

나는 월급이 입금되면 '통장 쪼개기'를 한다. 통장 쪼개기란 적금 통장, 고정비 통장, 생활비 통장, 투자 통장, 비상금 통장 등으로 용도에 따라 통장을 나눠 지출을 관리하는 것을 말한다. 여기서 적금도 쪼개기를 할 때가 있다. 한 통장에 몰아서 저금하는 대신 2개 이상으로 통장 계좌를 구분해 돈을 모으는 것이다.

살다 보면 갑작스럽게 큰돈이 들어가야 하는 일이 생길 수 있다. 이럴 때 적금을 통장 하나에 모두 모으고 있었다면 만기가 되지 않았는데도 어쩔 수 없이 해약해야 하는 일이 생긴다. 이럴 때 적금 쪼개기가 되어 있다면 필요한 금액에 맞춰 한두 개의 통장만 정리하면 된다. 예를 들어 100만 원을 저금한다고 했을 때 100만 원을 한 통장에 저금하는 게 아니라 50만 원, 30만 원, 20만 원으로 쪼개서 3개의 적금을 개설하는 것이다.

적금 쪼개기는 소비를 절제한다기보다는 살면서 갑작스럽게 일어나는 만약의 사태에 대비하기 위함이다. 나 역시 처음 적금 통장을 만들었을 때부터 지금까지 적금 쪼개기를 하고 있다. 전셋집 보증금 상환을 위해 목돈이 필요해서 적금을 해지해야 하는 일이 있었는데, 다행히 자잘하게 적금을 나눠둔 덕분에 일부만 해지하고 나머지는 만기까지 유지할 수 있었다.

자유적금을 이용하는 방법도 있다. 매달 일정한 금액을 정해진 날에 모으는 게 정기적금이라면, 자유적금은 입금 횟수와 입금일에 상관없이 자유롭게 돈을 모으는 적금이다. 매달 고정 금액을 받는 직장인도 성과급이나 연말정산 소득 공제, 명절 상여금처럼 부수입이 생길 수 있다. 예산으로 책정했던 생활비가 남을 수도 있다. 그럴 때 필요한 것이 자유적금이다.

처음 사회생활을 하면서 3년 동안 최저시급을 받을 때 돈을 더 모으고 싶어서 다양한 부업을 했다. 회사 업무 시간 이외에 짧게 일하는 터라 큰 금액은 아니었다. 하지만 부업으로 번 돈이 차곡차곡 쌓이다 보니 3개월 만에 100만 원 넘는 목돈이 되었다. 그 돈이 매월 가계부를 정리할 때도 통장에 남아 있으니 헷갈리고 계산이 번거로웠다. 그래서 자유적금 통장을 만들어 따로 모았다. 어차피 회사생활 외에 부업으로 소소하게 번 돈인데 써도 되지 않을까 하는 생각이 들기도 했지만, 티끌 모아 태산이란 말을 실천해보기로 했다. 당시 나의 수입과 지출을 정리해보면 다음과 같다.

월급(세후): 200만 원

부수입: 50만 원

지출: 30~40만 원

적금: 212만 원

= 정기적금 100 + 정기적금 50 + 정기적금 20 + 정기적금 12 + 정기적금 10 + 청약 10 + 자유적금 10

잉여자금: 자유적금으로 저축 중

그 시절 나는 세후 200만 원의 월급을 받고 있었으며, 각종 부수입까지 포함하면 월 250만 원의 수입이 들어왔다. 여기에서 나가는 돈이 한 달에 30~40만 원이었고, 적금은 총 212만 원(100+50+20+12+10+10+10)을 넣었다. 매달 말일에 남는 잉여자금들은 자유적금 통장에 넣었는데, 적게는 1만 원에서 많게는 10만 원 가까이 될 때도 있었다.

목표와 의미가 담긴 소액 적금도 추천한다. 나는 마치 게임을 하듯 저금을 한다. 생각해보면 큰 금액을 모으는 것보다 소액 적금을 활용해 의미를 부여하며 돈을 모았을 때 더 재미있다. 내가 개설했던 소액 적금들은 다음과 같다.

적금명	설명
월요일 싫어 적금	매주 월요일 1,818원씩 저축, 월요병을 이겨내고자 개설한 적금, 1년 적금 만기 9만6,354원
소비 멈춰 적금	소비하지 않은 금액만큼 저축, 소비하지 않고 잘 참았을 때마다 얼마나 소비를 절제했는지 알고 싶어서 개설, 1년 적금 만기 32만 원
티끌 모아 태산 적금	매일 1,000원씩 적금, 1년 적금 만기 36만5,000원
짠순이 여행 적금	부산 2박 3일 여행을 떠나고 싶어 매월 2만 원씩 저축, 1년 적금 만기 24만 원
운동 적금	운동할 때마다 하루에 1,000원 씩 저축하는 적금

소액 적금은 금액이 부담스럽지 않다. 그리고 통장에 이름을 붙여 내가 의미를 부여했더니 적은 금액이어도 돈이 조금씩 불어나는 걸 보면서 기분이 좋아졌다. 무엇보다 처음에는 소액으로 개설했지만 만기일이 되면 10만 원 단위의 돈이 되어 있을 때도 있었다. 또한 다양한 적금 통장의 숫자를 보는 것만으로도 마음 든든해지고 더 열심히 돈을 모아야겠다고 다짐하는 계기가 되었다.

임장 다니기

4년 만에 1억 원을 모았다. 내가 벌고 내가 모은 돈이었다. 1억 원으로 무엇이든 할 수 있을 것 같았다. 근사한 레스토랑에서 우아하게 식사할 수도 있고 해외여행을 갈 수도 있었다. 친구들처럼 고생한 나 자신을 위해 명품 가방을 살 수도 있으며 자동차를 예약할 수도 있었다. 하지만 정작 내가 원하는 것은 그런 일회성 물건들이 아니었다. 나는 부자가 되고 싶었고, 그러기 위해서는 집 마련이 가장 우선이라고 생각했다.

경기도 시흥에서 내가 어려서부터 살던 집은 30년 가까이 된 낡은 아파트였다. 주변 아파트들도 비슷한 상황으로 집값은 오르지도 내리지도 않은 채 1억4,000만 원 언저리였다. 그런 환경에서 자랐던 터라 나는 1억 원 정도만 모으면 나만을 위한 소형 아파트는 계약할 수 있을 거라고 생각했다. 현실을 몰라도 너무 몰랐던 것이다.

내가 1억 원을 모았을 때는 2021년 12월로 아파트 가격이 폭등하던 시기였다. 대부분의 아파트 가격이 80~100% 오르고 있었고, 매매하고 어느 정도 보유하면 돈을 벌던 때였다. 실제로 내가 아는 지인의 집은 1억 원짜리였는데 3년 사이에 1억 8,000만 원이 되었고 사람들은 집 장만에 열을 올리고 있었다. 이런 부동산 과열 시장에서 내가 아파트를 사는 건 불가능해 보였다.

부모님 집에서 지내다가 대전에서 자취를 시작하면서 부동산에 대한 욕심이 생겼다. 대전에서 자취방을 처음 계약하기까지 과정도 쉽지 않았지만, 전세 계약 기간 2년은 생각보다 빨리 찾아왔다. 그동안 매매가만 오른 게 아니었다. 아파트, 오피스텔, 다세대주택 할 것 없이 전월세가 같이 오르고 있었다. 그나마 대전이었고 구축 다세대주택이라 2,500만 원이라는 저렴한 가격에 전세를 얻었지만, 이후 재계약 시점이 다가올수록 불안한 마음은 어쩔 수 없었다.

계약 기간 8개월 정도를 남겨두고 근처 전세가를 알아보았다. 그런데 그사이에 비슷한 집들의 전세가는 6,000만 원 정도였고 앞이 캄캄했다. 집주인에게 연락해봤지만 별다른 대답도 없었고, 재계약을 하게 되면 월세 50만 원은 더 낼 것을 각오해야 했다. 그제야 집 없는 서러움이 뭔지 어렴풋하게나마 알 것 같았다.

그때부터였다. 내 집에서 마음 편히 살고 싶다는 생각이 들었다. 내 마음은 온통 부동산에 꽂혀 있었고 1억 원으로 뭐든 해보자는 마음이었다. 내 집을 찾는 부동산 여정이 시작된 것이다. 우선 이곳저곳 부동산을 구경하면서 주변 시세를 파악해야 했다. 하지만 대전에 정착한 지 1년밖에 안 되었던 때라 어느 지역을 살펴봐야 할지도 감이 잡히지 않았다.

일단 대전 지역 부동산 커뮤니티에 가입해 최근 대전 지역 부동산의 흐름이나 사람들의 후기들을 하나하나 읽어보았다. 그러면서 부동산에 대해 나보다 관심 많고 잘 알고 있는 P에게 도움을 요청했다. P는 군대 시절부터 부동산 관련 책을 읽으며 열심히 공부하더니 23살에 처음으로 부동산 매매를 시작했고, 지금은 아파트와 오피스텔, 상가 등 27살에 순자산 10억 원을 달성한 분이었다. P는 부동산에 대해 아무것도 모르는 나에게 부동산 사무소에 전화하기 전에 어떤 질문을 할지, 임장 가는 약속을 어떻게 잡는지 등을 알려주었다. 그의 이야기를 꼼꼼히 받아 적었던 나는 관심 있는 지역에 위치한 부동산 3곳에 연락해보았다.

"안녕하세요. ○○아파트 매물을 좀 보려고 하는데요. 4억 초반의 30평형 정도 생각하고 있어요. 여윳돈은 1억 정도이고, 실거주 생각도 있고 갭투자도 생각하고 있습니다. 매물 나오면 연락 부탁드려도 될까요?"

태어나서 부동산 중개소에 생전 처음 하는 전화였다. 무슨 말을 했는지도 잘 기억나지 않고, 부동산 중개사가 몇 가지 질문을 하는데 어떤 대답을 했는지도 모른 채 첫 통화를 끝냈다. 처음 전화한 부동산 중개소와는 바로 약속을 잡지 못했다. 속상하기도 하고 주눅이 들어서 P에게 털어놓았더니 "부동산 사무소는 많아요. 거기서 약속 못 잡았으면 다른 부동산에 전화해보면 됩니다."라며 너무나 쿨하게 대답했다. P의 격려에 나는 다른 부동산에 전화했고, 처음보다는 조금 여유로운 태도로 통화한 후 전화를 끊었다. 당연히 약속도 잡았다.

임장하는 날, 부동산 중개인과 함께 집을 보러 갔다. 가기 전에 집을 구경할 때는 어떤 부분을 잘 살펴봐야 하는지를 철저히 조사했다. 주변에 물어보기도 하고 관련 유튜브도 챙겨 보았다. 그런데 막상 구경하러 간 집에서는 집주인이 머물고 있거나 중개인이 계속 따라다니다 보니 체크해야 할 것들을 잊어버리고 쫓기다시피 집을 나섰다.

그날 9군데 정도의 집을 구경했다. 물을 틀어보거나 인테리어 상태 등을 살피긴 했지만 꼼꼼히 체크했다는 생각이 들지 않았다. 무엇보다 매매 가격을 물어보니 6억 원으로 내가 예상했던 것보다 훨씬 비쌌다. 내가 가진 돈은 1억 원에서 8평 원룸 전세 보증금 2,500만 원과 비상금 500만 원을 제외하면 7,000만 원인데, 그 돈으로는 갭투자를 하기에도 한참 모자랐다. 내가 구경한 30평형대 아파트는 실거주하기에도 너무 큰 평수였다.

엉성하기 짝이 없던 나의 첫 임장 후기를 들은 P는 대전에 한번 오겠다고 했다. 평택에 살고 있던 P는 자신도 대전 임장은 아직 안 해봤다면서 경험 삼아 대전의 대장 아파트인 크로바 아파트를 함께 가보자고 했다. 그렇게 지인과 함께 대전 크로바 아파트와 그 주변을 둘러보게 되었다.

P와 함께 다닌 임장은 확실히 달랐다. 말 한마디 못 하고 집 안을 대충 훑어보고 나오던 나와 달리 P는 여유로운 표정으로 중개인과 이야기를 나누면서 집의 하자나 인테리어가 필요한 부분들을 세세하게 체크했다. P가 임장하는 모습을 보는 것만으로도 나에겐 큰 공부가 되었다. 유튜브에서 영상을 보고 전문가들의 이야기를 들으면 금세 다 알 것 같았는데 막상 현장

에 나가면 놓치는 것들이 많다. 그런데 부동산 전문가인 P가 집을 살펴보는 모습을 보니 어떤 부분을 중점적으로 봐야 하는지 금세 이해가 되었다.

P와 임장을 끝낸 이후부터 나는 남자친구와 구축 아파트는 물론 새로 분양하는 아파트 모델하우스도 보러 다녔다. 분양 아파트 모집 공고문은 일부러 챙겨와서 조목조목 읽어보았고, 모델하우스에 다녀오면 유행하는 인테리어나 공간 활용 등에 대해서도 메모해두었다. 그러면서 "아는 만큼 보인다."라는 말은 어디에서나 통하는 진리임을 깨달았다. 처음 임장을 보러 갔을 때는 하나도 보이지 않던 것들이 바로 눈에 띄었고 아파트 주변 입지까지 살펴보게 되었으니 말이다.

임장이라고 하면 자금이 넉넉하게 준비된 상태에서 집을 바로 구매할 때 가는 것이라고 생각했다. 하지만 직접 다녀보니 왜 내 집 마련을 하고 싶은지, 어떤 집을 사고 싶은지 등을 구체적으로 생각해볼 수 있었다. 무엇보다 내가 원하는 집을 마련하기 위해 지금 나의 애씀이 결코 헛되지 않음을 느낄 수 있어서 많은 위로가 되었다. 그리고 한 해라도 빨리 내 집을 마련해야겠다고 결심하는 계기가 되었다.

청약통장
개설하기

2022년 3월, 나는 생애 최초 특별공급으로 아파트 청약에 당첨되었다. 내 나이 24살 때의 일이다.

　내 청약통장은 초등학교 저학년 때 엄마가 만들어준 것이었다. 청약통장이 있었지만 별 기대는 하지 않았다. 엄마도 당시 은행에서 자녀의 청약통장을 미리 만들어두면 좋다는 말을 듣고 큰 금액이 들지 않으니 개설했던 것이다. 청약통장을 만들고 엄마는 내가 성인이 되기 전까지 2만 원씩 넣어주었고, 성인이 된 후부터는 내가 2만 원씩 입금했다. 그러다가 청년청약통장으로 전환하면서 매달 10만 원씩 입금하면서 청약통장을 유지해왔다.

하지만 청약통장을 갖고만 있었지 어떻게 활용하는지 몰랐다. 24살에 1억 원을 모으면서 청약통장도 있으니 내 집 마련에 대해 관심을 갖게 되었다. 부동산 임장을 다니고 모델하우스도 구경하면서 청약 공고가 나오면 유심히 살펴보았다. 그러다가 우연히 오픈채팅방 지인들의 권유로 청약 신청을 하게 되었는데 놀랍게도 한번에 당첨된 것이다. (당첨 관련 내용은 230쪽 참조)

우리나라 국민이라면 누구나 내 집 마련의 꿈을 꾸고 있다. 안정적인 주거 환경은 삶의 질을 좌우하기도 하고, 부동산이라는 자산은 가치가 높은 투자이기 때문이다. 하지만 월급쟁이로서는 도저히 따라잡을 수 없이 치솟는 집값을 보면 내 집 마련은 나와는 상관없는 일이라는 생각이 들기도 한다. 그나마 일반 서민들이 내 집 마련의 기회를 엿볼 수 있는 것이 주택청약인데, 청약통장에 매월 2만 원에서 10만 원 이상을 일정 기간 납입해야 공영주택이나 민간주택 입주권에 지원할 수 있는 기회가 주어진다. 보통 분양가는 매매가보다 저렴해서 많은 이들이 내 집 마련을 위한 가장 기초적인 방법으로 청약통장을 만드는 것이다.

만약 아직도 청약통장이 없다면 당장 청약통장부터 개설하라고 권하고 싶다. 내 주위에도 청약통장이 없는 친구들이 있는데, 부모님이 만들어준 청약통장을 해지하거나 집 마련을 아예 포기하면서 없애버린 경우도 있다. 하지만 청약에 당첨된 후 나는 친구들에게 더 적극적으로 청약통장을 새로 개설하라고 잔소리한다.

물론 주택 청약이 쉬운 것은 아니다. 우선 가점이 높아야 하는데 조건이 보통 까다로운 게 아니다. 30살 이상에 기혼자이거나 자녀나 부양자가 많을수록 점수가 높아지는데, 점수가 높아야 원하는 아파트에 당첨될 확률도 커진다. 고득점자인 70~80점인 사람들도 당첨이 쉽지 않은데, 미혼에 부양할 가족도 없는 2030세대에게 주택 청약 당첨은 하늘의 별 따기인 게 맞다.

그렇다고 아예 포기해버릴 수는 없는 일이다. **1점이 아쉬운 상황이니 어떻게든 미리 대비하는 쪽이 더 현명한 선택이다. 청약통장을 얼마나 오랫동안 가입했느냐 하는 것도 가점 기준이 되기 때문이다.** 가입만 해도 1년에 1점씩 최대 17년까지 인정해주니 하루라도 빨리 청약통장을 만드는 것이 이득이다. 미성년자의 경우 가입 기간 4년에 납입 회수 60회 차까지 인정해준다. 따라서 만 14세가 될 시점에 청약통장을 만든 후 성인이 될 때까지 매달 꾸준히 납입하는 것이 좋다.

내가 청약에 당첨되면서 느낀 점은 반드시 점수가 높아야만 당첨되는 건 아니라는 사실이다. 당연히 일반공급은 점수가 높아야 당첨될 확률이 높지만, 정책적 배려가 필요한 사회 계층이 보금자리를 마련할 수 있도록 지원하는 특별공급 제도가 있기 때문이다. 특별공급은 신혼부부, 한부모 가정, 다문화 가정, 생애 최초(1인가구 포함) 등 공급 조건에 부합하기만 하면 일반공급보다 당첨 확률이 높다. 특별공급은 청약 점수와는 별개로 무작위 추첨이라 운이 따라준다면 당첨될 수도 있다. 그 이유는 소득 기준에 따라 우선 추첨 하는 비율이 70%인 반면 아무런 소득 요건을 보지 않고 무작위로 추첨하는 비율이 30%나 되기 때문이다. 실제 나의 경우 생애최초 특별공급(1인가구)으로 무작위 추첨 30%에 추첨되어 청약에 당첨될 수 있었다.

내가 청약에 당첨된 아파트는 2025년이면 완공된다. 청약 당첨 이후에도 나는 여전히 청약통장을 유지하고 있다. 기존 통장은 해지하고 새로운 청약통장을 개설해 매달 10만 원씩 적금을 넣고 있다. 간혹 집을 사거나 청약에 당첨되어 1주택자가 되면 청약을 할 수 없다고 생각하는데, 청약 당첨 시 기존 주택을 처분하는 조건이라면 가능하니 통장을 유지하는 것이 좋다. 물론 '로또'라고 불릴 만큼 당첨 확률이 낮지만, 당첨만 된다면 안정적인 주거가 생기는 것은 물론 시세 차익도 누릴 수 있기 때문이다.

특별공급 배정 물량

신혼부부 특별공급			
구분(민영)	소득 기준		선별 방식
	외벌이	맞벌이	
우선(50%)	100% 이하	120% 이하	자녀순
일반(20%)	140% 이하	160% 이하	
추첨(30%)	소득 요건 미반영		추첨제(자녀수 X)

출처: 국토교통부

생애최초 특별공급		
구분	소득 기준	선별 방식
우선(50%)	130% 이하	추첨제
우선(20%)	160% 이하	
추첨(30%)	소득 요건 미반영	추첨제(1인가구 ○)

출처: 국토교통부

생애최초 청약 특별공급 비율

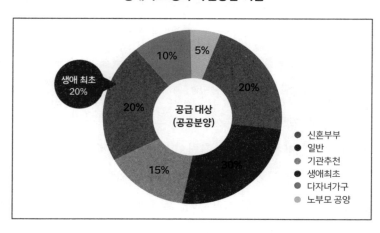

마음도
미니멀하게

"겉모습은 중요하지 않다고 생각해요. 저는 늘 똑같은 옷을 입고 화장도 하지 않지만 제 외모에 만족합니다. 제가 초라하다고 느끼지도 않고 외모에 대해서는 자존감이 떨어지지도 않아요."

각종 매스컴과 인터뷰를 할 때 내가 빼놓지 않고 하는 말이다. 절약 생활을 실천하다 보면 20대로서 남들과 비교되거나 아쉬울 때가 없냐는 질문을 많이 받기 때문이다.

내가 4년 만에 1억 원을 모은 스토리가 알려지면서 인터뷰를 할 때나 '절약의 달인 자취린이' 유튜브 채널 구독자들에게도 늘 받는 질문이 있다. 멘탈은 어떻게 관리하는지, 어려운 환경에서 어떻게 마음을 잡았는지, 혹시 계기가 된 사건이나 신념 같은 게 있는지 등의 질문들이다.

아무것도 없는 밑바닥부터 지금의 내가 되기까지 많은 고비가 있었다. 타고나길 긍정적인 사람도 아니고, 가정환경 때문인지 매사에 자신도 없고 의기소침하기까지 했다. 1억 원을 모으는 4년 넘는 시간 동안 다른 사람과 비교되는 순간들이 있었던 것은 당연했다.

절약 생활을 하다 보면 꼭 필요한 게 아닌, 불필요한 만남은 피하게 된다. 사람을 만나는 일에는 돈이 들기 때문이다. 그러다 보니 주변에 사람도 없는 것 같고, 남들과는 다른 길을 혼자 걸어가는 것 같다는 생각에 소외감을 느끼기도 한다. 그렇다고 해서 주변 사람들에게 '절밍아웃(절약+커밍아웃)'을 하기도 쉬운 일이 아니다.

친구나 직장 동료들에게 "나 절약해야 해서 꼭 필요한 일이 아니면 만나기는 힘들 것 같아."라고 말한다면 진심으로 응원과 격려를 보내는 이가 과연 몇이나 될까? 유난 떤다고 아니꼽게 여기지나 않으면 다행이다. 당장 우리 엄마조차 1억 원을 모으기 전까지는 "지지리 궁상 좀 그만 떨고 또래처럼 즐기면서 살아."라며 매번 안타까워하며 타박했다. 물론 딸이 절약하느라 아등바등하는 게 안쓰러운 마음에서 나온 말이었다는 건 나도 알고 있다. 하지만 '주변 사람들이 날 곱게 보진 않을 텐데…' 하는 마음에 절약하는 내 본모습을 숨기기 바빴다.

그러다 우연히 SBS 〈생활의 달인〉에서 '돈 모으기 달인 편'에 출연하게 되면서 본의 아니게 절밍아웃을 하게 되었다. 방송의 파급력이 그 정도인지 그때 처음 알았다. 최저시급으로 4년 만에 1억 원을 모은 내 이야기는 엄청난 속도로 퍼졌고, 나의 절약 생활에 대해 주위 친구들과 직장 사람들이 모두 알게 되었다. (아마 방송이 아니었다면 나는 지금까지도 나의 절약 생활을 숨겼을 것 같다.)

이후 상황은 예상대로였다. 진심으로 축하해주는 사람도 있었지만 아쉽게도 소수에 불과했고, 내가 걱정했던 불편한 상황들이 발생했다. 내가 어떤 행동이나 말을 하면 "돈 때문에 그래?"라는 질문이 돌아왔다. 심지어 이유 모를 시샘 때문에 당황했던 적도 있었고, 지나가듯 흘리는 비아냥 때문에 상처를 받기도 했다. 그런 일이 반복되자 나는 마인드셋이 필요하다고 생각했다. 그래서 이렇게 생각하기로 했다.

'그동안의 노력은 생각하지도 않고 그저 시기하고 질투하는 사람은 절대 부자가 될 수 없어.'

같이 성장하기 위한 방법을 탐구하는 것도 아니고, 자기는 아무것도 하지 않으면서 상대를 깎아내리기에만 바쁜 사람에게 발전은 없다. 그런 사람들과 어울리는 것이 내게 득이 되지 않을 것은 분명했다. 그런 이들이 내게서 멀어졌다고 아쉬워할 필요도 없었다.

지금 내 휴대폰 전화번호부에는 자주 사용하는 연락처가 몇 되지 않는다. 좁지만 깊은 인간관계를 추구하기 때문이다. 한때는 얕은 인간관계나마 계속 이어나가기 위해 내키지 않아도 사람들과 약속을 잡고 만나는 일을 계속해왔다. 친구들과 전날 남자친구와 있었던 이야기, 직장 상사에 대한 뒷담화 같은 생산적이지 않은 이야기를 하거나 동료들과의 친목 도모를 위한 잦은 회식 같은 것들이 그런 경우였다. 내키지 않는 만남이 지속되고, 그 만남이 불필요한 지출로 이어지는 것이 내게는 스트레스였다.

그러던 중 앞으로는 불필요한 만남을 줄여야겠다고 결심하게 된 계기가 있었다. 내겐 아주 오래 알고 지낸 친구가 있다. 학창 시절부터 정말 마음이 잘 맞는 친구였다. 그런데 어느 날 화장기 없는 맨얼굴에 수수한 차림을 한 나를 보고 친구가 창피해하는 것을 느꼈다. 친구와의 대화도 어긋나기 일쑤였다. 친구는 대화 내내 자신이 얼마짜리 옷을 샀는지, 이번에 다녀온 여행지 호텔이 얼마나 비싼 곳인지와 같이 자신의 외모와 금전적 능력을 과시하는 이야기만 늘어놓았다.

사실 그런 일이 처음은 아니었다. 하지만 워낙 친한 친구였

던지라 불편한 마음을 최대한 억누른 채 만남을 이어왔다. 그런데 성인이 되고 특히 절약 생활을 결심한 후부터는 그 친구를 만나고 집으로 돌아올 때면 늘 기분이 좋지 않았다. 그날 친구와 함께하면서 나는 불필요한 인간관계가 엄청난 감정 소모임을 깨달았다. 이후 나와 바라보는 방향이 다르고 목표가 다르다면 억지로 관계를 이어가지 않아도 된다고 마음먹었다.

물론 그 과정이 말처럼 쉽지는 않았다. 하지만 지금 곁에 남아 있는 사람들은 대부분 나와 마음이 맞는 사람들이다. 내가 뭔가에 도전한다고 말하면 응원해주고 같이 성장하겠다는 마인드를 가진 이들이다. 비록 연락하는 사람은 손에 꼽을 정도로 적어졌다. 그럼에도 나는 지금이 더 행복하고 성장하고 있음을 알고 있다.

보이는 것에 연연하지 않고 내실을 다지는 것을 중요하게 여기는 지금의 내 모습은 '1억 모으기'를 목표로 하고 실천하면서 만들어진 모습이다. 그 과정에서 나의 내면은 아주 단단해졌다.

1억 모으기를 통해 달라진 것은 두둑해진 통장 잔고만이 아니다. 나를 둘러싼 모든 것이 달라졌다. 가치 없는 것들로 허전한 마음을 채웠던 예전의 모습은 떨쳐버렸고, 같은 목표를 가진 고마운 사람들로 주변을 채워나갔다. 사람을 대하는 자세도, 시간을 대하는 자세도, 미래를 대비하는 자세도 모두 새롭게 바뀌었다. 관계도, 시간 관리도, 마음도 심플하고 미니멀해졌다.

1억 원이라는 액수가 누군가에겐 큰돈이 아닐 수도 있다. 그러나 **온전히 내 힘으로 1억 원이란 돈을 모았다는 경험**은 그 자체로 높은 자존감을 갖게 해주었고, 남들의 시선이나 편견에 휘둘리지 않는 자신감을 안겨주었다.

목표가 같은 사람과
어울리기

내가 처음 돈을 모아야겠다고 마음먹은 것은 고등학교 3학년 때였다. 친구들은 용돈을 받아 생활하는 학생들이 대부분이었다. 그리고 고등학교 3학년이니 대학 진학이나 졸업 후 진로에 대해 고민하기에도 정신없었다. 어느 누구도 절약이나 돈 모으기에 관심을 두지 않았다. 가족도 마찬가지였다. 한 달 벌어 한 달 먹고살기에도 빠듯한 살림살이에 절약은커녕 재테크는 생각도 하지 못했다.

당시 나는 졸업 후 취직해 돈을 벌어야겠다는 마음이 확고했다. 하지만 고졸인 내가 취업해도 한 달 급여는 많지 않을 것이고, 절약밖에 답이 없다는 결론이었다. 결국 버는 돈을 최대한 아끼는 것이 내가 할 수 있는 돈 모으는 방법이었다. 용돈으로 생활하는 친구도, 재테크에는 관심조차 없는 가족에게도 내 결심을 이야기할 수 없었다. 아니 해봤자 공감받지 못할 게 뻔했다. 그래서 나는 유튜브나 인터넷에서 관련 자료를 부지런히 찾아보기 시작했다.

그러다가 나와 관심사가 비슷한 사람들과 소통하면 좋겠다고 생각했고 절약 관련 오픈채팅방에 가입했다. 어떤 일이든 혼자 하는 것보다 함께할 때 더 재미있고 동기부여도 된다. 특히 수시로 마음이 흐트러지기 쉬운 절약이나 재테크에 대해서는 더 그렇다. 다른 사람들의 절약 노하우나 돈 모은 과정을 듣는 것이 내겐 큰 자극이 되었다.

절약 커뮤니티를 처음 알게 되었던 그때의 흥분은 지금도 잊을 수가 없다. 신세계 그 자체였다. 나처럼 절약하면서 차곡차곡 돈을 모으며 살아가는 사람들이 모인 세상이라니. 나이도 직업도 사는 곳도 달랐지만 절약하며 열심히 살아가겠다며 사람들이 모여서 서로를 응원해주는 모습이 신기하기만 했다. **아무도 관심 없던 주제에 대해 혼자 찾아보고 공부하며 지냈는데, 그곳에서 사람들과의 소통은 힘이 되었다.**

절약 커뮤니티 활동도 흥미로웠다. 내가 무지출 데이를 본격적으로 하게 된 것도 절약 커뮤니티를 통해서였다. 무지출이라는 게시판이 있어서 들어가보니 그날 무지출을 실천한 사람들이 인증을 하는 곳이었다. 내 주위 사람들은 무지출이 가당키나 하냐며 고개를 저었는데, 절약 커뮤니티 공간에 있는 사람들에게 무지출은 자신감의 표현이자 그날 하루의 큰 수확이었다. 사람들은 무지출 투표를 하고, 혹 지출했다면 어떤 항목에 썼는지 서로 공유했다. 그러면 다른 사람들이 불가항력적인 지출이었다며 위로해주기도 했다.

절약 커뮤니티에서는 이번 달에 얼마 절약하고 얼마 저축했는지도 공유했다. 친구들이나 주변 지인들에게 내가 사소하게 절약해서 모은 금액에 대해 이야기하면 반응은 대부분 비슷했다. 아끼느라 너무 고생했다면서도 "지현이 너니까 가능한 거지 나는 그렇게는 못 할 것 같아."라고 말했다. 하지만 절약 커뮤니티에서 활동하는 사람들은 내가 절약한 방법을 듣고는 자기도 해볼 수 있을 것 같다며 고마워했다. 나 역시 다른 사람들이 절약한 이야기를 들으며 좀 더 분발해야겠다고 생각한 적이 있었다.

그렇게 절약 커뮤니티에서 1여 년 활동하다가 오프라인 모임을 하게 되었다. 온라인에서 서로 격려하며 친하게 지내던 이들이지만 대면으로 처음 보는 사이여서 낯설고 어색할 것 같았다. 그런데 그런 걱정은 만난 지 1분도 안 되어 다 사라졌다. 서로의 닉네임을 확인하고, 우리는 오래도록 알고 지내던 사람들처럼 절약과 재테크에 대해 누가 먼저랄 것도 없이 다양한 이야기를 쏟아내며 유익한 시간을 보냈다.

그중에서 '나에게 10억이 생긴다면?'이나 '10년 안에 이루고 싶은 3가지' 같은 다양한 질문지를 뽑아 이야기를 나누는 시간은 많은 도움이 되었다. 친구나 지인들에게 같은 질문을 하면 현실적이지 않고 뜬구름 잡는다거나 별난 애란 이야기만 들었다. 그런데 절약 커뮤니티에서 만난 사람들은 누구나 한번쯤 고민해본 질문이고, 내가 생각하지 못한 다양한 대답을 해주었다. 무엇보다 그런 이야기를 마음 편히 나눌 수 있어서 너무 좋았다. **목표가 같은 사람, 바라보는 방향이 같은 사람들이 주는 편안함이 이런 거구나 하고 그때 처음 느꼈다.**

내가 처음 절약 커뮤니티를 통해 힘을 얻었던 것처럼 나 역시 사람들에게 그런 역할을 하고 싶다는 생각이 들었다. 그렇게 시작하게 된 것이 네이버 카페 '짠순짠돌 정보 공유: 경제적 자유를 이루려는 사람들(cafe.naver.com/jjansun2jjandol2)'이었다.

'짠순짠돌 정보 공유' 네이버 카페와 카카오톡 오픈채팅방에서는 각종 절약이나 이벤트 정보, 절약 꿀팁 등을 공유한다. 매일 가계부를 인증하고 월말 가계부를 결산하는가 하면

1,000만원 달성, 1억 달성, 10억 달성에 대해서도 서로 공유하면서 자신감을 키우고 동기부여를 받는다.

카페를 개설한 지 6개월 정도 되었을 때는 카페 회원들과 서울숲에서 처음으로 모임도 진행했다. 절약하기 위해 모인 사람들인 만큼 정모도 다르게 하고 싶었다. 카페 취지에 맞게 돈을 쓰지 않고 모임을 할 수 없을까 고민했다. 그래서 모임 장소를 서울숲으로 정했고, 가능하면 각자 냉장고 속 재료로 만든 1인분 정도의 음식을 가져오라고 했다. 음식 장만이 힘들다면 1만 원 넘지 않는 선에서 사 오기로 규칙을 만들었다. 물과 돗자리는 각자 준비하거나 자발적으로 챙겨오기로 했다.

모임은 대성공이었다. 모임을 진행하면 예산에 없던 돈을 지출하지 않을까 걱정했던 회원들은 마음 편히 참여했고, 혼자서 고군분투하며 짠테크를 해오던 회원들은 헤어질 때 많은 위로가 되었다고 말해주었다. 예전 절약 커뮤니티에서 했던 것처럼 나는 제비뽑기로 다양한 질문을 하면서 모임을 주최했고, 각자의 목표나 다짐 등을 이야기하면서 서로에 대해 좀 더 알아가는 시간이 되었다. 특히 각자 사용하지 않지만 버리기 아까운 물건을 가져와서 금전 거래 없는 아나바다를 열었는데 반응이 좋았다. 나는 그날 마스크팩과 쿠션 등을 준비해갔고, 대신 도시락통을 얻어와서 지금도 잘 사용하고 있다.

"빨리 가려면 혼자 가고 멀리 가려면 같이 가라."는 말이 있다. 사람들과의 만남을 자제하고 절약하는 삶에 올인하면 빠르게 종잣돈을 만들 수는 있다. 하루라도 빨리 종잣돈을 모으고 싶어서 나도 1억 원을 모으기까지 남들 신경 쓰지 않고 혼자서 전속력으로 달렸다.

하지만 1억 원을 모은 이후에 찾아온 허무함은 어떤 것으로도 쉽게 나아지지 않았다. 끊임없이 나 자신에게 채찍질하듯 동기부여를 하거나 다른 사람들을 통해 동기부여를 받으면서 나아가는 수밖에 없었다. 결국 나는 지인들에게 고민을 털어놓고 그들이 해주는 격려의 말에 다시 시작할 수 있었다. 그리고 지금은 '짠순짠돌 정보 공유' 회원들이 있어서 지치지 않고 꾸준히 갈 수 있다. 나는 서울숲 모임을 시작으로 이후에도 비정기적 모임을 통해 회원들과 꾸준히 소통하며 즐겁고 행복하게 절약 생활을 이어가고 있다. 바라보는 방향과 목표가 비슷한 사람들과 같이 가면서 나는 더 멀리 갈 수 있을 것이다.

절약도 전염된다

불과 6년 전까지만 해도 나는 주위에서 돈에 대해 관심을 갖고 있는 사람을 본 적이 없었다. 돈 이야기를 하거나 재테크에 관심 있는 사람은 인터넷에만 존재할 뿐 내 주변에는 한 명도 없었다. 아빠는 말할 것도 없고, 엄마 역시 계속 일했지만 계획 없이 한 달을 생활하고 통장에 돈을 방치하고만 있었다.

나는 경제교육을 따로 받지 않았지만 돈에 관심을 갖게 되면서 부모님과는 다른 노선으로 가야겠다고 생각했다. 5년 안에 1억 원을 모으겠다는 목표를 정한 이후부터 내 주위에는 돈 이야기를 자주 하고 재테크를 하는 사람들로 채워졌다. 우리는 서로의 의지를 북돋워주고 동기부여를 해주며 각자의 목표

를 향해 나아가고 있었다. 몇 년 동안 절약과 저축 생활을 이어
가는 나를 보던 엄마는 종종 이런 말을 했다.

"너무 구질구질하게 살지 마. 너무 아껴도 문제야. 젊을 땐
남들처럼 쓰고 사는 거야. 1억 모아서 도대체 뭐 하려고?"

누가 보면 악플러가 한 말로 오해할 수 있다. 하지만 이런 말
은 실제로 우리 엄마가 자주 나에게 했던 말이다. 물론 엄마는
내가 안쓰러웠을 것이다. 대학교를 가지 않은 것도 안타까운
데, 또래들과 달리 절약하고 아끼는 모습이 미안해서 그랬을
지도 모른다. 그랬던 엄마는 내가 1억 원을 모으자 더 이상 부
정적인 이야기를 하지 않았다. 안쓰러워하지도 않았고 오히려
자랑스러워했다.

엄마의 태도가 바뀐 것을 확인한 나는 엄마에게 제안했다.
이제는 엄마가 변화할 차례라고. 물론 엄마는 처음부터 흔쾌
히 승낙하지는 않았다. 청약통장에 가입할 때는 집 살 일은 없
을 건데 왜 청약통장을 만들어야 하냐며 언성을 높이기도 했
다. 그렇다고 물러날 내가 아니었다.

나는 우선 엄마 통장을 모두 꺼내 정리부터 해보았다. 그리
고 가장 먼저 제멋대로 방치되어 있던 목돈을 정기예금으로
넣고, 엄마 월급날에 맞춰 적금 쪼개기를 했다. 내가 20살 때
예금과 적금을 공부하면서 처음 적금에 가입했을 때처럼 말이

다. 물론 고성이 오가기도 했지만 엄마 명의로 된 청약통장도 만들었다. 처음에는 돈이 묶이는 것을 너무 싫어하던 엄마도 막상 예금과 적금으로 나누고 돈의 쓰임새가 정리된 것을 보더니 내 말대로 따르기로 했다.

이후 나는 본가에 갈 때면 만기된 적금을 예금으로 전환하고 새로운 적금에 가입했다. 그러던 하루는 엄마가 조심스레 자기도 가계부를 쓰고 싶다고 먼저 말했다. 돈이 모이고 그게 눈으로 선명하게 확인되자 엄마가 자연스레 바뀌기 시작한 것이다. 기기를 잘 다루지 못하는 엄마를 위해 나는 기꺼이 수기 가계부를 선물해주었다.

그렇게 1년 3개월이 지났다. 가계부에 대해서는 까맣게 잊고 있었는데 엄마는 그사이 내가 선물한 가계부를 다 채우고 두 번째 가계부를 쓰고 있다는 사실을 알게 되었다. 게다가 예금만 5개가 넘고, 적금도 50만 원짜리 2개, 20만 원짜리 3개, 매월 5만 원 씩 납부하는 청약통장까지 통장 부자가 되어 있었다. 궁금하기도 하고 정리도 할 겸 엄마 통장을 가져다놓고 금액을 모두 더해보았다. 그런데 엄마도 1억 원을 달성한 게 아닌가! 몇 번이고 금액을 다시 계산해보았다. 방치하다가 정기예금에 넣었던 목돈까지 합치니 진짜 1억 원이었다. 옆에서 나를 지켜보던 엄마의 떨리면서도 설레하던 표정을 나는 지금도 잊을 수가 없다.

"곧 적금 만기인데 언제 집에 와?"

"○○은행 이율이 높아서 예금 만들고 싶은데…"

요즘 엄마는 예적금 만기가 다가오면 먼저 나에게 전화해 이렇게 말한다. 그런 엄마가 나는 이제 너무 자랑스럽다. 그동 안 나는 돈에 관한 한 내 주위 사람들은 절대 바뀌지 않을 거라 고 생각했다. 그런데 엄마가 내 고정관념을 완전히 깨부수어 주었다. 내가 절약하고 저축하고 가계부를 쓰면서 1억 원을 달 성한 모습을 본 엄마의 내면에서는 자기도 모르게 변화의 씨 앗이 뿌리내렸던 것 같다. 그리고 그 씨앗이 발아하더니 엄마 의 의지로 1억 원이라는 큰 나무로 성장시켰다. 이제 나에게는 세상 든든한 절약 메이트가 한 명 더 생겼다.

당신에게는 생각만 해도 든든해지는 절약 메이트가 있나요?

당신이 무언가를 이루어낸다면 그 에너지가 당신이 바라는 사람에게 고스란히 전달될 거예요.

나의 10년 부자 계획표

● 왜 부자가 되려고 하나요?

- 가족과 나의 노후 보장과 풍요로운 삶을 위해 부자가 되려 합니다.

- 절박했던 과거의 나에게 행복이라는 것을 알려주고 싶습니다.

- 성공한 사람들과 함께 인사이트를 나누고 더 성장하고 싶습니다.

- 도움이 필요한 사람을 위해 기꺼이 돕는 삶을 살고 싶기 때문입니다.

- 나와 비슷한 목표가 있는 사랑에게 귀감, 긍정적인 영향력을 주고 싶

  기 때문입니다.

- 나라는 사랑이 성장함으로써 무한한 가능성을 보고 싶기 때문입니다.

● 목표 순자산과 달성 기한을 적어주세요. (1, 3, 5, 10년)

현재: 2억 원 (2024년 2월 기준)

1년: 2억3,000만 원 → 본업 + 부업 수입을 저축, 3,000만 원 목표

3년: 3억 5천 → 본업 수입과 아파트 전·월세 수익

5년: 7억 → 결혼 + 재테크로 수익 늘림(결혼 후 함께 투자 진행)

10년: 15억 → 그냥 제발 됐으면 좋겠어서

● 앞으로 1년 계획을 적어주세요

- 하루 생각 정리(매일 일기 쓰기), 인스타 스토리 업로드

- 캘린더 계획 짜기

- 유튜브, 블로그, 인스타 키우기

- 인강 듣기 → 업무 관련, 재테크, 자기발전 등 관계없이 1년간 10개

- 인강 듣고 1개라도 인사이트 적용하기

- 영어 공부 → 더 많은 경험을 하기 위함

- 책 출간하여 작가 되기

- 몸 관리 → 누군가에게 나서기 위해 용모 단정

- 한 달 책 1권 독서 → 인사이트 최소 1개 적용(같이 공유하기), 블로그
  업로드

- 소극적 투자 진행 → 도로 공매, 펀드, 미국 주식, 공모주 등

- 1기 신도시 임장 완료

- 청약 아파트 대출 총 50% 갚기 → 이자를 줄이기 위함, 당장 투자처
  가 없기 때문

- 성공한 사람과 인사이트 넓히기(인맥 넓히기)

● 앞으로 100일간 만들고 싶은 습관을 적어주세요.

- 독서 타임 주 3회 1시간

- 하루 생각 정리 일기 작성

- 유튜브 촬영 진행(꾸준히)

- 주말 유튜브 편집

- 블로그 글 작성 주 2회(일상, 정보 공유)

- 인강 주 2회 듣기

- 저축 85% 이상 유지

- 월 50만 원 지출

- 주 1회 재테크 관련 유튜브 시청

● 재테크, 부업, 자기계발 목표를 적어주세요.

재테크

- 5년 이내 아파트 1개 등기 치기

- 청약 당첨된 아파트 매도

- 미주 ETF 투자 비율 높이기(월 50~그 이상)

- 언저편, IRP 준비 종합

- 결혼 이후에도 몸테크 진행하고 전월세 받기

- 금 투자, 달러 투자 등 발 넓히기

부업

- 유튜브, SNS 성장으로 광고 수익 꾸준히 늘리기

- 블로그 체험단 꾸준히 진행 → 추후 인플루언서 등극

- 본업 외 단기 알바 진행

- 부수익만으로 연 1,000만 원 수익 달성이 최종 목표

자기계발

- 영어 공부

- 인강 수강(연 10개의 강의)

1년 부자 목표는 2억3,000만 원 달성하기!

(현재 2억 원 → 3,000만 원 증액하기)

한 푼 아낀 것은
한 푼 번 것이나 마찬가지다.

벤저민 프랭클린

돈에 대해 어떠한 노력도 하지 않는 너에게

이 책은 돈에 관한
동기부여 이야기

1판 1쇄 발행 2024년 11월 1일

지은이. 곽지현
기획편집. 김은영, 하선정
마케팅. 이운섭
디자인. 나침반

펴낸곳. 생각지도
출판등록. 제2015-000165호
전화. 02-547-7425
팩스. 0505-333-7425
이메일. thmap@naver.com
블로그. blog.naver.com/thmap
인스타그램. @thmap_books

ⓒ 곽지현 2024
ISBN 979-11-87875-43-7 (03320)